小学館文庫プレジデントセレクト

権力の秘密

飯島 勲

小学館

目次

4

特別対談

飯島　勲 vs 花田紀凱編集長

「新聞が真実を書かない理由」

はじめに

第二次安倍晋三内閣の発足まで、小泉純一郎総理退陣後の政権はすべて、支持率の低迷を起因として、海外メディアから「回転ドア」と揶揄されるほどに、短期間で政権を放り出す結果になりました。世界有数の経済規模を誇る日本の総理大臣が、国際会議が開かれるごとに顔が違っていれば、日本の発言に信用や説得力が生まれるはずがありません。

歴代政権が短命である理由はなんでしょうか。

彼らの政策がすべて間違っていたのでしょうか。

もちろん、違います。

彼らが国民の支持を失った要因のほとんどは、総理のリーダーシップと官邸の危機管理能力の欠如が原因です。二〇〇九年の衆議院選挙で起きた歴史的な政権交代でも、政策をまじめに吟味したという有権者は少数派に属します。事実、当時民主党（現・

民進党）に投票した有権者の九八％がマニフェストを読んでいないのです。テレビや新聞で流れるイメージだけを信じて、投票する人も多い。

幸いにして、小泉内閣の支持率は就任直後に九二・八％。退任時でも六一・九％（JNN調査）という、国民の圧倒的な支持に支えられて職務を全うしました。一九七二年に長野から単身上京して以来、小泉総理とともに歩んだ私としては、この五年五カ月間は大袈裟でなく生涯の誇りです。

総理大臣とは、誇り高きサラブレッドと一緒です。

牛や犬などの多くのほ乳類は、寝るときに横になりますが、馬は生まれて一度立ち上がると、死ぬまでをほとんど立ったままで過ごします。馬の腹の皮は薄くできていて、長時間横になると床ずれを起こしてしまうからです。

総理大臣も人前で弱みを見せてはなりません。一度立ち上がったのなら人前で横になることは許されないのです。国民からの支持は、一度そっぽを向かれると、もう一度こちらを振り向いてもらうことが容易でありません。それどころか、支持率の低下とともにメディアからの揚げ足取りは日に日にきつくなっていくばかりです。

国会議員であれば、幾度スキャンダルに巻き込まれようとも、その都度、時間が経過した頃に復活できますが、総理大臣にはそれができません。徹底的な情報管理と緻密な危機管理とで跳ね返していかねばなりません。その方法論こそが本書の内容です。

誇り高きサラブレッドと同じように、どんな逆境にもひざまずいてはいけません。それはリーダーであれば、会社でも学校でも家庭であっても同じことでしょう。私は小泉純一郎氏という稀代の政治家のもとで、「ライバルに先んじる」「メディア心理を見抜く」「法律を武器にする」方法を実践的に考えてきました。

本書では、混迷を深める日本経済のなかで勝ち残っていくために必要な知恵と覚悟を、テレビや新聞が報じないことから優先して述べたつもりです。ですから、耳当たりのいいことは一つとして書いてありません。「タバコは体に悪い」とか「職場では笑顔を絶やさないようにしよう」など、そのようなどうでもいいことは、テレビをつければ親切に教えてくれるはずです。少なくとも私の役目ではありません。

建前ではなく、日本社会の本当のことを、明日からすぐに実践できる形でお示ししました。

必ずや日本社会、会社経営に資するものと信じています。

飯島　勲

第一章

仕事編「リーダーの掟」

履歴書のウソの見抜き方教えます

年金記録台帳に書かれた真実

世界経済の先行きが見えないなかで、企業も、働く側も大変な状況です。特に、再就職を目指す人々にとっての厳しさは相当なようです。

一方、採用を減らしている企業にとっては、いかに良い人材を見分けるか、眼力が問われます。

そこで、中途採用に応募してくる人間をいかに峻別《しゅんべつ》するか、私なりのノウハウをお伝えしていきます。それは、私が総理首席秘書官の時代に行った閣僚候補のいわゆる「身体検査」とは、やり方は違いますが発想は一緒です。

まず、最初に「履歴書のウソ」の見抜き方です。

再就職しようとする人間は、自筆の履歴書を提出します。仮に過去の職歴がA社に五年、B社に四年と記してあったとしましょう。しかし、その内容はあくまでも自己申告です。もしかすると、実際はもっと頻繁に会社を替わっていて腰を据えて仕事をしたことがない、問題がありそうな業界で働いていた、あるいは何もせずにブラブラしていたということもありうる。その部分は省いて、無難なA社の社名だけ書き、空白期間を埋めるために本当は二年なのにA社に五年勤務と誤魔化している可能性があるのです。

採用する側としては、直近の職場以前のことについてチェックするのは難しいもの。結局、その履歴書の内容を前提に「字がきれいで几帳面そうだ」などといったことを判断材料にして、その場の雰囲気で採用するのが現状です。

そこで、どうするか。トンデモない話を聞きました。まず履歴書を提出してもらうまでは同じ。次に、それを受け取ったあとで、こう指示を出すのです。「次の面接までに社会保険事務所に行って、年金記録台帳のコピーをもらってきてください」。持ってきてもらった記録を見れば、過去の職歴は一目瞭然です。実際には一～二年ごとに会社を替わり、過去に五回も六回も転職していたとわかれば、仕事に対する姿勢に疑問符がつきます。

同時に、その記録で年金保険料の事業者負担額と本人負担額もわかるので、過去の所得状況も把握できます。「前の職場では年収〇〇万円を得ていたので、その程度は欲しい」という本人の希望額が妥当かどうかもチェックできるというわけです。

ポイントは履歴書を受け取ったあとに提出してもらうこと。第二次書類選考と称して、「次回の面接時に提出のこと」とするのです。すると、履歴書にウソを書いた人は「しまったッ！」となります。

履歴書の内容とツジツマが合わないので、指定の面接日に来社しないかもしれません。政府関係者も、すべてをオープンにすれば何もかもが解決すると考えるのでなく、慎重に政策決定をしなくてはいけないという好例でしょう。このままでは公文書を悪用する違法な企業が増えてしまいます。労働者を守るために、このようなことをしてはいけません。

私は、目の前にいる人物が「何をしてきたか」よりも「信用できるか」が、人材登用のコツだと考えています。大きな話をする人よりも、自分について誠実に話すことのできる人を選ぶのです。まずは「公然情報」、つまり公にされている情報を厳しく精査することからはじめましょう。

免許証で浮かぶライフスタイル

自動車免許証からもさまざまな情報を手に入れることができます。その人の性格や仕事への姿勢が判別できるかもしれません。

免許証には、氏名や生年月日、本籍、住所、有効期限等々が書き込んであります。

しかし、交付年月日欄の日付の右に、五桁の数字が並んでいることを意識している人はほとんどいません。実はこの数字を見れば、どんな時間帯に免許の更新に行ったか容易に想像がつくのです。先頭の数字は免許更新センターの撮影装置の番号で、「15」ならNO・15のカメラで顔写真を撮ったということ。問題は下三桁です。この数字が「258」なら、NO・15のカメラで二五八番目に受け付けたということを表しています。

二五八番目ということは、当日だいぶゆっくり出かけていったということです。少なくとも、朝一番の受け付け開始早々には行っていない。土・日や休業日でもなければ、サラリーマンが免許証を更新する場合、「明日、免許証の更新手続きをしなければいけないので」と会社や上司に「遅刻の許可」などをもらうことになるはず。しかし仮に、九時始業で昼間フルに勤務する普通の会社で、仕事に穴をあけずに免許更新しようと思ったら、どうするでしょう？　いつもの朝より一時間以上早く家を出て免許センターに寄ってくる、あるいは受け付け前から並んで早い順番に手続きを済ませる。そういう行動を取るはずです。

ところが、もし免許証に記されているのが大きな受付番号なら、免許証更新を理由に、半日あるいは一日ゆっくり行動したということになります。

営業職を志望する人間で、もし平日にゆっくりと免許センターに行くことができて

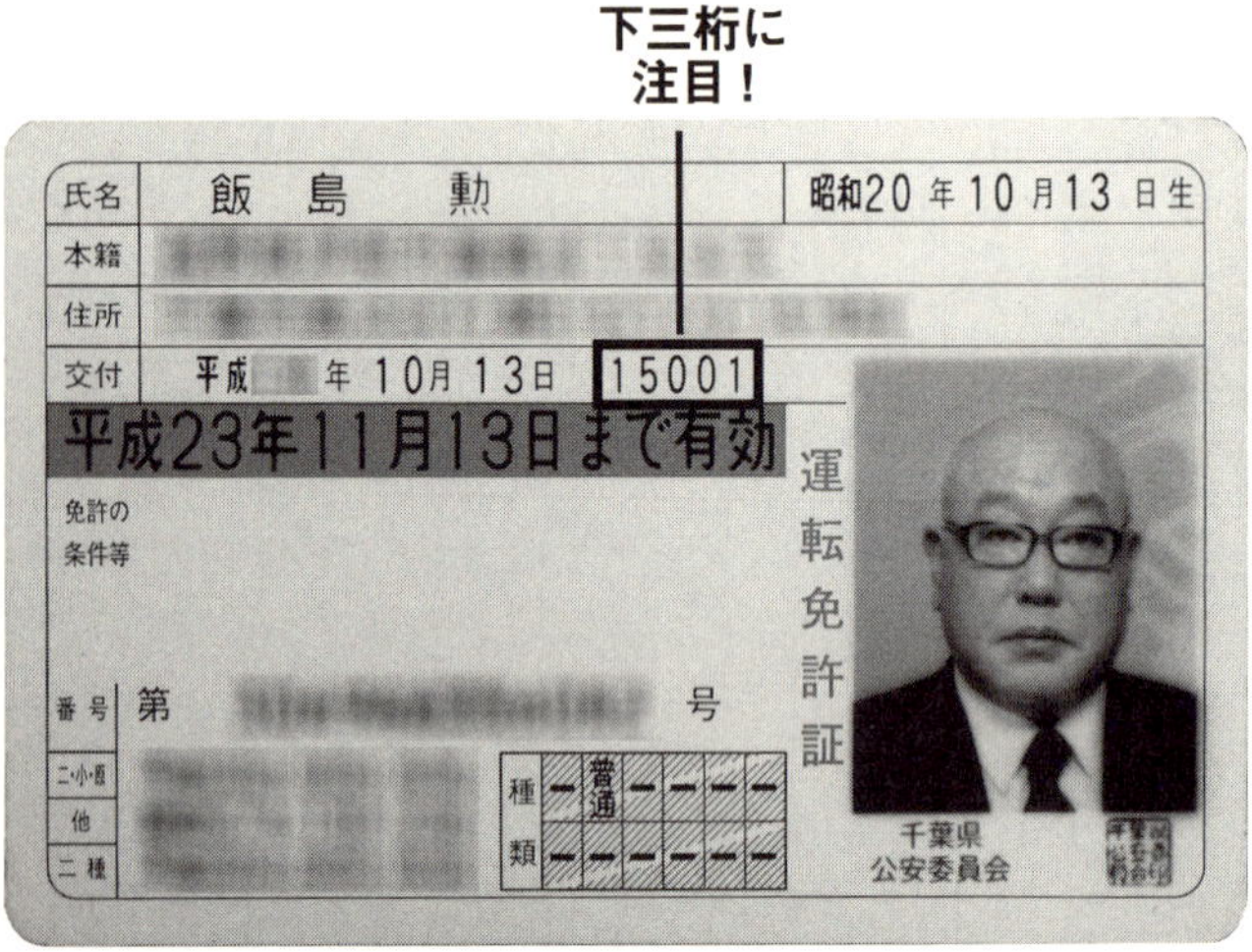

自動車免許証で「身体検査」する！

いるというのであれば、ちょっと業務を遂行する姿勢に問題ありです。仕事をサボっている、または適当な理由を見つけるのが得意な人材である可能性がある。会社や職種によって勤務形態はいろいろなので一概には言えませんが、番号一つで、その人がどんなライフスタイルを送る人間なのか、判別するための材料になるのです。

「仕事のオンオフを明確に分ける」という男のデマ

面接の際の質問のヒントにするのもいいかもしれません。

面接のときに「あなたは営業マンとして、どんなタイプですか」と質問してみて「就業時間は集中して仕事をするタイプで、仕事のオンオフはきっちり分けます」と答えたのに、実際の免許証コピーを提出させてみてその数字が大きかったら、明らかに答えとズレがあるわけです。

もちろん土日を利用した、または警察署で免許証を更新するという抜け道にも着目しなくてはなりません。抜け道を利用して極端に若い番号をとったうえで先ほどの情報を流せば、あなたは労せずして周囲からの信頼を勝ちえるでしょう。

靴や鞄も、人を見分ける手がかりになります。大切に使いこなしてきたか否か、その差が端的に出るものだからです。持ち主の性格がわかります。

たとえば靴。一見同じような古靴でも、大切に履いて古くなったものなのか、単にズボラで履き潰した古靴なのか、観察すればわかるものです。日頃きちんと手入れをしていて古くなった靴と、そうでない靴とでは、同じ古靴でも汚れ具合が違います。

鞄も、その人物が飽きやすい性格なのかどうかを示す一つのバロメーターだと、私は感じています。本当に使いこなした鞄を見ると、粘り強く努力するタイプだろうと想像できます。

消費者金融の儲けの鉄則に「台所のきれいなオンナには金を貸すな」という言葉があります。逆に言うと、流しに食べ残しや昨夜使った食器が洗われないまま散乱していたら「お得意さま」だということ。几帳面に利息を返済されては儲からないからです。台所を汚いままにしておくような、ルーズな人間を相手にするほど、利子は膨らみ消費者金融の儲けは拡大するのです。

この話を人事査定・人材の適性を見極める企業に当てはめると、当然、台所の汚い人間は歓迎できないということになります。とりわけ経理や法務など細かい作業を必要とする部門への配置は危険です。人事の配置や昇格で迷っているなら、何らかの理由を設けて突然、家庭訪問してみるのも、いい判断材料になります。台所にかぎらず、家族とどう接しているのか、どんな本を読んでいるのかなど、家庭訪問は実りの多い人事査定なのです。

トップのスキャンダルにどう手を打つか

なぜあの新聞だけスクープを連発するのか

企業トップの「愛人問題」がマスコミを賑わせています。写真週刊誌に掲載された、大銀行トップとテレビ局美人記者との「密会」。さらに、テレビ局の社長と人妻のW不倫報道などです。

政治家の愛人問題も、取材する側にとっては格好のターゲットです。情報管理のプロにとって、スキャンダルをどう処理するかは腕の見せどころです。企業であっても情報のプロを広報や秘書室で育てるべきです。

ただし、この手のスキャンダルが必ずしも事実であるとはかぎりません。ライバルを潰すための仕掛けであるケースも頻発しています。報道された側からすると全くの誤解だということもあるのです。取材される側は、相手が優秀な記者や好感の持てる記者なら、なるべく時間を取ってきちんと話をしたいと思うものです。政治家や企業のトップも自分のクルマに乗せて車内で取材を受けたり、そのまま食事をともにしなから話を続けるかもしれません。それがたまたま女性記者だったというだけのこと。その結果、どうなるか。取材相手の懐に奥深く入り込んだ仲間に対して、他の記者が「コン畜生」とばかりに潰しにかかるのです。

「自分は夜討ち朝駆けをしてもお茶一杯飲ませてくれない。それなのに、あのオンナは……」というわけです。週刊誌などにヒントを与えれば、単に仕事で会っている現場が意味ありげなものに変わってしまいます。それが「A代議士と美人記者Bの不倫」「C社長と女性記者Dの密会」と報道され、さらにもう一誌が後を追ったら……。読む側にすれば、真実のように見えてしまう。

最近は合併する企業が増え、出身企業間の勢力争いが情報漏洩《ろうえい》に結びつくこともあるとか。密会がバレた社長の今後には、現在までの仕事の実績が大きく関係します。多少の醜聞《しゅうぶん》などでは問題にされないほど仕事で周囲に認められているなら、それが何よりの対策となるはずです。

永田町・霞が関のプロは全国紙のすべてに目を通すことが習慣になっています。新聞を毎日読み比べていると大変興味深い事実が判明します。

外交問題のあるテーマで常にX紙が抜く（他社を出し抜きスクープする）。こんなとき、Y紙の担当者は「変だな、霞クラブ（外務省の記者クラブ）でも夜回りでも各社とも同じように取材しているのに。そういえばX紙が抜くようになったのは、あの社の陣容にボインちゃんが加わってからだな」などと考える。そして「彼女の行動を探れ。しばらく一緒に取材に歩いてみろ」と指令が飛ぶわけです。社会部でも、たとえばダイオキシンの問題にかぎってZ紙が必ず抜いて一面を飾れば、他社は疑心暗鬼になります。役所の担当官たちの顔ぶれと、Z紙の女性記者の顔を思い浮かべ、いったい誰が彼女のディープスロート（秘密情報源）なのかと思案をめぐらすことになるでしょう。実際に記事にはならなくても、記者と取材対象者の仲をめぐる噂話は、省庁によっては常に飛び交っています。実際は男女の仲どころか、特別な関係は何もない場合でさえです。その意味で、女性記者はちょっとかわいそうですね。女性政治家や女性経営者と男性記者の組み合わせでも、同じように疑われていいはずなのですが。

昔から「くノ一戦法」、つまり「女を利用した戦法」には気をつけろと言われています。

たとえば、担当の番記者であってもなかなか取材に応じてくれない大物A議員は、女性に関心ありという噂がありました。番記者たちは一計を案じ、どうにかして取材を受けさせようと考えました。まず、女性記者に、A議員へ電話を入れさせます。「直接お目にかかってお聞きしたいことがあるので、今晩宿舎でお時間をいただけませんか」と。電話を受けたA議員は秘書に予定変更を告げ、喜々として宿舎に帰ります。

そして約束の時間。ピンポンとドアフォンが鳴り、A議員がドアを開けると……女性記者を先頭に番記者全員がド～ッとなだれ込んでくる。驚くA議員に、当の女性記者は「うちの社がいま幹事社なので、私が代表して電話しました」とすまし顔。A議員は内心「やられたッ」と思いながらも、「みんな、まあ上がれ」と大物らしく振る舞い、取材に応えたというわけです。

極秘会談には裏動線を利用せよ

ところで、絶対に会っていることを知られたくない相手と密会するにはどうしたらいいと思いますか。

簡単な方法としては、同じ建物であっても別々の時刻に別々の場所から出入りする。さらに慎重を期すなら「裏動線」を利用するといいでしょう。

三人の政治家が密会する場合。三人ともSPが付いている場合なら、まず都心のホテルなど建物に入るときに、それぞれ別々の入り口から入ること。そして、別々のレストランに入ります。レストランの入り口にはSPが立つことになりますから、見張っている番記者に「今、ここにいるぞ」と、意識的に知らせることができます。ところが、実際には途中でそこを抜け出して、建物内の別室で密会するわけです。

その部屋までは裏の出入り口とルートを利用することになります。裏の動線をたどっての行動です。やがて、密会・密談を終えて、またそれぞれ元のレストランに戻ってくる。そこで食事をして「ああ、美味かった」と満足気な顔をして、とぼけて出てくるわけです。こうなれば、番記者たちは三人が同じホテルに入ったことは現認しても、三人が会ったという証拠はどうしても摑めない。

しかし、政治家には口の軽い人もいて、「誰々とは○月○日に会った」などと喋るから、記者はメモを見返して、「ああ、あのときか」と知ることになるのです。よく利用するホテルのレストランに「裏動線」がないか、一度探してみるのも面白いかもしれませんね。

究極の危機管理になりますが、写真誌のカメラマンに「密会現場」を見つけられた場合の対処の方法を考えます。

カメラマンは、たとえ非常線が張られていても、潜り込む工夫をして必要な写真を撮る。怒られようが何をしようが撮ってしまう。しかし、何でも現場にできるかぎり近づけばいいというものでもない。火事の場合は、むしろ遠くから撮る。近すぎればハレーションを起こしてしまうのです。つまり、カメラマンの行動には、雑誌へ高く売ることのできる「印象に残る写真」を狙うという原理原則があります。そこを逆手に取るのです。

男性は無様な姿を見せては絶対ダメです。内心は心臓が止まるぐらい動揺していても、泰然とした態度で写真を撮らせたほうがいい。顔を手で隠したりカメラに向かって手をかざしたり、驚いた表情を見せるなど慌てふためいた姿をさらすのは禁物。見る側にとって、写真のインパクトが余計強くなるからです。いつまでも「あのとき、あいつは、こんな格好で……」と写真の印象が強く残ってしまいます。

他方、女性はきれいに写ったほうが存在感が際立ち、印象は強まります。髪を多少ふり乱すような姿のほうが案外記憶に残らないものです。

上司の「秘密」を交渉カードとして使うべきか

「知った人間は不幸になる」という根本原理

サラリーマンには昔から、日光東照宮の猿の彫刻のように「見ザル・言わザル・聞かザル」で生きろ、という金言がありました。最近はむしろ情報に精通し、ちゃんと主張するタイプでないと出世しない世の中になってはいますが、こと秘密に関しては別。やはり昔のまま「猿」から「言葉を持った人間」に進化しないほうが安全です。

特に、上司の秘密には「知った人間は不幸になる」という根本原理があります。仕事上の小さな不正行為や私生活における醜聞。それらを知ってトクすることは、まずありません。

なぜなら、上司のほうにしてみれば、「俺の恥部や弱点を知ったヤツは、なるべく抹殺してしまいたい」と考えるのが普通だからです。秘密を知った人間を味方として抱き込んでも、完全解決にはなりません。だから、できれば存在を消したい。上司が出世競争の本流に乗っているような、力のある人間であればあるほど、秘密を知った部下は潰される危険が高くなるでしょう。

過重な仕事を与えられたり、リストラのターゲットにされたりして、職場を去る方向に追い詰められる。つまり、生活を脅かされてしまう——何のトクにもなりません。

だからといって、上司のライバルに情報を売るのも難しいもの。どっちが勝ち馬か慎重に見極めないと結局自分の立場が危うくなりますし、ライバル派閥にも心の底からは信頼されないでしょう。

では、知ってしまったあなたは、どうすればいいのか。それは、秘密を知ったということを、上司に悟られないことです。そのためには、どうすべきか。私なら「財布の紐を締めろ」と忠告します。

世の中に居酒屋が繁盛している理由の大半は、サラリーマンが上司の悪口を言うからだと言っていいでしょう。「今日ちょっと寄って行く?」ではじまり、「○○部長の話、聞いた?」「何、それ?」となり、上司や会社への批判や愚痴、噂を肴に杯を重ねることになるわけです。そんな流れのなかで、酒のせいでつい軽くなった口が、上司の秘密を知ったことを同僚に匂わせたり打ち明けたりすることになりがちです。あるいは、上司崇拝派の同僚と仕事について議論しているうちに、感情的になってつい口が滑るのもありがちな話。やがて、あなたの言葉は回り回って上司の耳に入るに違いありません。そして抹殺へ……。

だから、財布の紐を固く締めて、まっすぐ家に帰れと私は言うのです。秘密を知り、喋りたいなあと思った日ほど、真っ直ぐに家路につくこと。自宅で、『家政婦は見た！』の市原悦子みたいに、まあ猫でも相手に思い切り喋ることですね。

じゃあ、ずっと「言わザル」のままでいろと言うのかと、私の忠告に反発を感じる人もいるでしょう。私が言っているのは「ひとまず、ポケットのなかに入れておけ」ということです。本当にそれをカードとして使えるときがきたら、ポケットから取り出せばいいのです。大切なのは、ポケットからその秘密を取り出すのは、決定的な場面に遭遇したときにかぎるということ。上司や会社の側があなたに対して何か決定的なカードを、先に切ってきたときです。秘密カードは保存しておき、いざというときにあと出しすべし。相手より先には切らない。特に、アルコールの勢いで中途半端にそのカードを切ってしまうのは最悪です。

名刺、握手、イス……仕事マナーの裏ワザ公開

「名刺」と書いてある名刺の使い方

「人に会うのが仕事」「人脈づくりも仕事のうち」……こう考えているビジネスマンも少なくないはずです。

仕事をしていれば、誰もが初対面の人と挨拶を交わす場面に遭遇します。名刺を交換したり握手をしたりお辞儀をしたり、今後の関係を形づくるうえで、初対面の場というのは非常に大切なものです。失態をして挽回するのに多くの手間がかかることを考えれば、ビジネスの雌雄を決してしまうと考えてもおかしくない。

ここで、相手がフレンドリーに接してくれるのを前提にして「相手の名刺は両手で丁寧に受け取って」などと言っても、しょうがないでしょう。そういったことはマナー教室に行くなり、会社の諸先輩に習うなりしていただきたい。私にはあまり意味がある行為には思えません。

「人に会うことが仕事」の人々にとって一番対処が難しいのが、名刺をあげたくない

相手への接し方でしょう。飲み屋で同席した怖そうな人とどうしても名刺を交換する羽目になった、宴席で得体の知れない相手から名刺を求められた、訪れた店で女性に「名刺をください」と言われた……政治家の秘書にかぎらず、誰でも経験する可能性のあることです。怪しげな人から勤め先に電話がくるだけでも大変な迷惑です。

問題となるのは、自分が渡した名刺が他人に悪用されることです。大臣秘書、取締役、部長などという肩書の名刺は、下手をすると、渡した相手に悪用されかねません。私の名刺で、私になりすます人間が出てくる恐れもあります。

過去には、実際に私の名前を騙《かた》り、とある地方自治体の幹部を騙して豪遊した不届きな詐欺師もいました。女性を同伴して、公用車で観光地をめぐっていたのです。

その地方自治体から小泉事務所へ、「小泉事務所の飯島さんが、いまこちらに来られております」と電話が入り、その電話をとったのも私。「私も小泉事務所の飯島ですが……」と答えたものの、電話をしているほうも、受けている私も、最初はどういう事態が起きているのか皆目見当がつきませんでした。

いまとなっては笑い話です。さすがに現在は私の顔が世間に知れ渡り、このようなことはなくなりました。しかし代わりに、「飯島と親しい」などと世間に吹聴する人が出てきたので困っています。

そこで私は、相手に対し危険を感じたときは、名刺の角を小さく折って渡すようにしています。普通、自分の名刺を渡すときは真新しいものを渡すもの。ニセモノにとって、すでに角の折れた「古い」名刺は、利用価値がなくなってしまうはずです。

さらに用心を重ねようと考えた私は、正式な名刺のほかに写真のような名刺を用意するようにしました。これを見た瞬間、たいていの人が笑ったり、怒り出したりします。

相手が笑ったら、シメたもの。「せっかく名刺をあげたのに、なんだッ」と怒って、名刺を取り返してしまいます。驚いたり怒ったりしても同じことです。どんな反応をしても、それを理由にその人との縁を切ってしまえばいい。

「きちんと名前も電話番号も書いてあるのに、何か不都合がありますか?」というわけです。

握手の仕方で相手を意のままに

業務提携や合併などの記者会見という公の場では、会社の代表としてどう振る舞うべきなのか。記者会見に慣れた経営者でも、私から見て「危うい」と感じる点がいくつかあります。

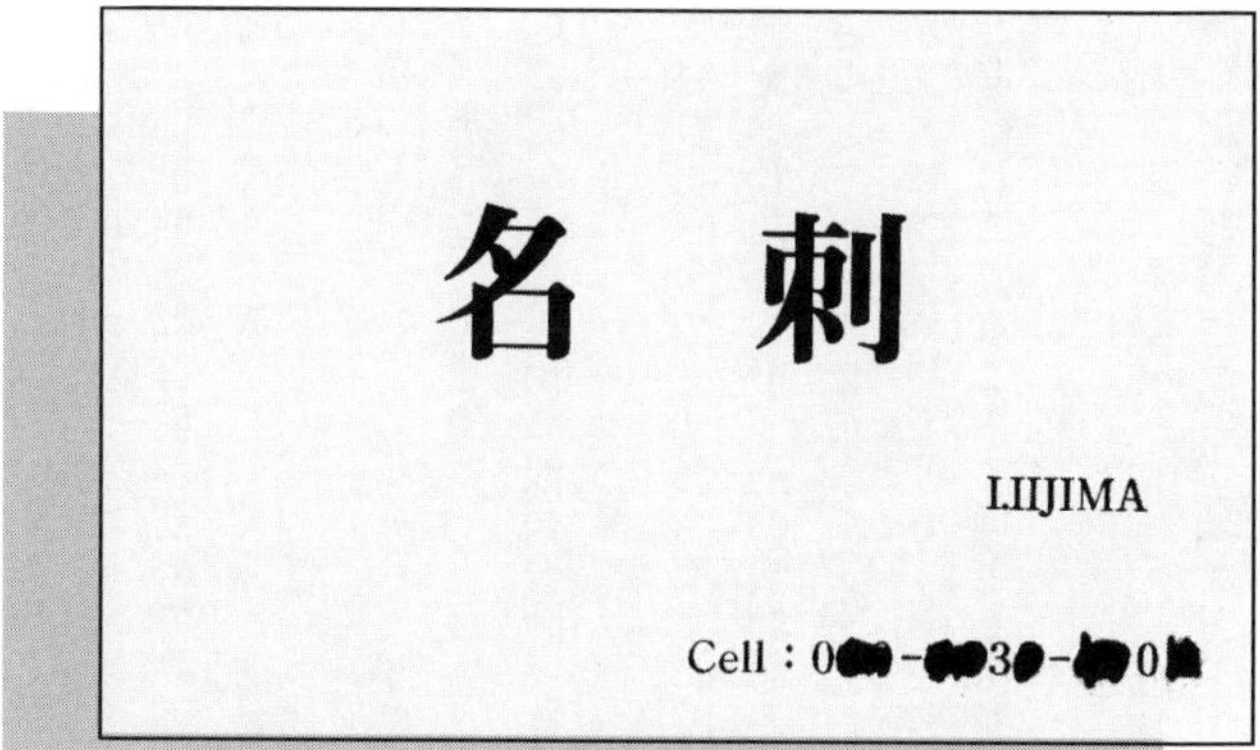
名　刺
I.IIJIMA
Cell：0[redacted]-[redacted]3[redacted]-[redacted]0[redacted]

これが飯島勲の「名刺」だ！

一国の首脳なら、他国のトップと一対一で初対面の挨拶を交わすとき、握手の仕方ひとつで、一瞬にして互いの力関係が決まってしまいます。

二〇〇二年九月一七日、小泉純一郎首相が初めて北朝鮮を訪問して金正日総書記と握手したとき、金正日はにこやかな表情をつくりましたが、小泉首相は終始笑顔を見せませんでした。

話し合いには応じるものの、国民の目にも決して仲良くしているようには思われたくない相手との距離感は、非常に大切です。

このときも、金正日総書記が小泉首相に抱きついてきたらどう対処すべきか。それを慎重に検討しました。

首脳同士が抱き合っている場面をつくりだすことに成功した北朝鮮側は、日本が北朝鮮に対して従順な姿勢を示したとして、その映像をさまざまに利用するでしょう。実際に「独裁者との抱きつき」が原因となって失脚した首脳もいます。

抱きつかれないように十分に気をつけながら、社交辞令としての握手で済ませなくてはなりません。漠然と進行しているように見える場面でも、互いの腹の中では火花を散らしているのです。

握手の仕方にしても、相手の手を具体的にどう握るかで立場は全く異なってきます。会談や商談の主導権を握りたいと思ったら、私なら、相手が差し出した手の、親指以外の四本の指だけを自分の手全体で強く握り締めてしまいます。

しかも、手のひらのほうまで深くは握らず、指の部分だけを、なるべく浅く強くです。そういう形に先に握ってしまうのです。

こうすると、相手はもう指や手の自由が利きません。こちらが相手の四本の指を強く握ったまま、手を上下に振るのに任せるしかなくなります。私がいかにも親しげに激しく五回振ろうと思えば五回。あるいは、一回だけ簡単に振って、素っ気なく終わろうと思えば、そのとおりになります。

これが記者会見の場であったら、その握手の場面はメディアによって報道されます。仲良くしているようには思われたくない敵対企業との記者会見では、十分に注意したほうがいいでしょう。

背の高い相手でも見下ろされない工夫

パーティなどの公の場で、有名人と親密な写真を撮って、自分の信用を上げようとする人がいます。

背後から忍び寄り、先ほどの握手をしてしまうのです。こうなってはどうすることもできません。地位の高い人間がパーティに行く際は、スキを見せないように壁側でじっとしている。さもなくば、ドリンクを片手に、もう一方の手はポケットに入れておくほうが無難です。

さらに、初対面の挨拶では相手との身長差にも気を配るべきです。

交渉や要求、クレーム、談判などで相手に会いに行ったら、自分より身長がかなり高かったというケースもあるでしょう。

そんなときは最初の立ったままでの挨拶は、なるべく離れた位置で済ませます。

相手の顔を見る自分の目線が、なるべく水平を保てる距離で、最初の挨拶をすべきです。相手を見上げる形になることは避けなくてはいけません。たとえ実際は対等の関係であっても、当事者同士の心理的な部分で負い目を持ってしまう。交渉には、堂々とした心構えで臨みたいものです。しかし、その対面シーンが写真にでも撮られたら、見る人に対して、どうしても背の低いほうが貧弱な印象を与えてしまいます。そういうマイナス・イメージの写真が出回るのは、何としても避けなくてはなりません。

具体的な距離で言えば、身長差のある場合は一メートル以内に近づかないこと。握手を求められた場合でも、この距離なら互いに腕を伸ばせば十分届きます。

身長が低いとコンプレックスを持っている人は、自然に以上のようなことを身につけていることが多いようです。世界の歴史を紐解いてみても、歴史上の人物はヒトラー、チャーチル、ナポレオンなど小柄な人物が多い。彼らが自分の立ち居振る舞いに

握手の仕方で
すでに勝敗は決している！

背の高い相手に距離を詰められてはダメ。

1メートル離れていても十分に握手はできる。

どれだけ気を使っていたのかと想像するのも面白いですね。

この距離の取り方は、逆に相手に対して好意を示す場合にも応用できます。ビジネスで、取引の相手が自分よりかなり背が低かった場合は、なるべく離れた位置でお辞儀をすればいいのです。あまり近い距離でお辞儀をすると、自分が相手の頭を目の下に見ることになってしまいます。

商談を成立させたい相手には、なるべく不快感を与えないよう心がける。互いに頭を下げ合ったとき、頭の高さの違いが目立たない程度、離れたほうがいいということです。

背の低い上司とコンビを組んでいる場合も同じです。二人で得意先や営業先回りをしている場合、二人並んで相手の担当者に挨拶することになると思いますが、そんな場合どうするか？

上司が立ってお辞儀している位置より、後ろに下がって頭を下げることです。身長差の二倍ぐらいは後ろに下がったほうがいい。一〇㌢差なら二〇㌢は後ろに立ったほうがいいのです。そうでないと相手に対して、生意気な部下という印象を与えかねません。一歩あるいは二歩下がることは、取引相手に好感を与え、同時に上司を引き立てることにもなるはずです。

なぜ応接室のイスは座りにくいのか

次にイスの話です。交渉や依頼事などで、相手が自分のオフィスに訪ねてきたとします。忙しいから、できれば早くお引き取り願いたいというケースもあるでしょう。あるいは、何度足を運ばれてもお断り、ＯＫするつもりはない商談の場合。

応接室のイスは、そんなときのことも考えて選んでおくべきなのです。

受付で来意を告げた客は、応接室などに案内されるはずです。「しばらくこちらでお待ちください。どうぞソファにおかけになって」などと案内係に告げられたその客。腰を下ろしてみると、ソファの奥のほうが沈み込むタイプで、普通に座るとそっくり返ったような姿勢になってしまう。よく、そんなタイプのイスがありますね。

多くの応接室のイスが来客には不親切にできていて、自社の上司がふんぞり返るのに適しているというのは不思議議です。

トントンとドアがノックされて、お茶が運ばれてくる。しかし、面会相手の当人はなかなか出てこない。いつこの部屋に入ってくるかがわからない。思い切り深く座ってしまったほうがラクなのだが、ふんぞり返った姿勢から慌てて威儀を正すのもマズイ。なにしろ今日はお願い事で来ているのだ。

こういう状況であれば、誰でもソファの縁近くに浅く腰をかけて、背筋をピンと伸ばしたまま我慢して待ち続けることになります。

自分自身が関与に消極的なビジネスというものは、直接断って波風を立てるより、当該取引を自然消滅させていくほうがいい場合があります。

相手に悟られることなく、継続的に多くの苦痛を外的要因として与えることができれば、その可能性が高まるというものです。

「日本を守った」危機管理手帳

トップの日程が一分ずれるだけで現場の士気は低下する

小泉純一郎総理の日程をどう組むか。それが首席総理秘書官であった私の重要な役割でした。小泉官邸のスタッフは合計一〇人。私のほかは中央省庁から派遣されてきた四人の事務秘書官と五人の参事官で、彼らの後ろには霞が関三万人の官僚が指示を待っています。

日程づくりのため、私は自分のデスクの上にB４判の日程表を置き、一〇人共通の公開型にしました。ただし、道具は必ず鉛筆です。すぐに消したり書き換えたりするためです。政治は生き物ですから、一カ月先、三カ月先の予定はどんどん変化します。ボールペンで書き込んでから線を消したり訂正したりするより、鉛筆と消しゴムのほうが便利です。いまや鉛筆は時代遅れの道具かもしれませんが、小泉官邸では、非常に重要な道具でした。

各事務秘書官や参事官は、この日程表に勝手に自分の担当分野の予定や出身省庁の行事希望等を書き込んでいき、さらに宮内庁関連や野党の党大会日程なども加えます。ときには、二〇件近い書き込みが重なる日も出てきます。

こうして書き込まれた予定を私が重要度や先着順を考慮して整理し、最終決定します。翌月の日程、翌週の日程という形で確定していくのです。決定版としてボールペンで書くのは翌週の日程だけ。それを記したペーパーを、長期用の日程表に添付しておくのです。

総理日程の情報を共有する。機密事項であればおぼろげな概要だけでも十分です。このことで私が目指したのは、一〇人の秘書官・参事官をとおして霞が関全体が迅速に機能することでした。秘書官・参事官たちは自分の担当分野だけでなく、官邸の予定の全体像がかなり先のほうまで見えることで、各人がチームの一員として機動的に動くことができました。

長期日程は前述のように常に鉛筆書きの仮日程でしたが、決定した日程、つまり「ボールペン書きの日程」は一切変更しないようにしました。

なぜならトップの日程が五分狂うと、組織の末端では半日ずれてしまうのです。たとえば小泉厚生大臣（現・厚生労働大臣）の時代。大臣がまず日程を決めると、それに合わせて事務次官の予定が固まります。その次官のスケジュールを基に各局長が自分の日程を作成し、さらに、それに従って各課長、各補佐、各係長が……と、順々に予定を組んでいきます。極端に言えば、トップが一分でも急に予定をずらすと、全体がずれ込み、機能不全・士気低下を招くこともあるのです。トップにとって大切なのは絶対にブレないこと。それは、政策だけでなく、日程に関しても同様なのです。

そのためには、どうするか？　日程に空白時間をつくるのです。私は小泉首相の日程に「飯島秘書官打ち合わせ」という項目を三〇分～一時間程度の幅で、必ず入れるようにしていました。

急な面会要請や突発的な用件は、すべてその時間の中で消化する。そうすれば予定外の用件のために次の会議に一〇分遅れた……というような事態も避けることができます。

先日、ある社長から私に会いたいと言っていただいたのですが、広報から「四カ月先まで社長の予定が埋まっている」と言われ驚きました。これは経営者の下にいる人間が、怒られたくないばかりにイエスマンになって、日程に空白をつくるまいとした悪い例です。企業の活力を奪うような融通の利かない、修正のできない日程づくりは、見直したほうがいいかもしれません。

御社がマスコミ取材で賑わう「大安」「仏滅」手帳術

新型手帳は廃棄したほうがよい

今回は手帳のお話です。

手帳をフルに活用すれば、戦略的な行動を取れるようになれます。今回は、その意味をお話しさせていただきましょう。

私自身が使っている手帳は、「衆議院手帖」です。これは、衆議院の各議員事務所に毎年暮れに配布されるもの。国会周辺の販売店にも置いてありますが、あまり数が発行されないので、すぐに売り切れてしまうようです。興味がある方は、自分の地域選出の国会議員事務所に問い合わせてみるといいかもしれません。

この手帳はちょっと古いタイプで、世間にはもっと使い勝手のいいものもあるのでしょう。しかしこの手帳には日付の横に六曜、つまり「大安」「赤口」「先勝」「友引」「先負」「仏滅」が記されています。

永田町周辺で働いている人間で、この六曜の記されていない手帳を使っている人がいたら、職務遂行能力について少々疑ってかかったほうがいいかもしれません。

皇室や国家の重大な行事は、原則として「大安」「友引」を選び、「仏滅」を避けて行われるのが原則だからです。

具体的に言えば、国会の開会、内閣改造、選挙の投票日など。天皇陛下の国事行為である国会の開会や内閣改造が仏滅に行われることはまずありません。

二〇〇八年七月、福田康夫元総理の内閣改造の日程が大きな話題になりましたが、当時の自民党幹事長や大手の新聞が軒並み予想を外しました。多くの予想で一番有力視されていた日が「仏滅」だったのには驚きましたが。

六曜の観点から考えれば、日取りの候補は二つしかありませんでした。結果は、私の予想通りの八月二日。周囲に大変驚かれましたが、簡単な原理原則を踏まえれば、決して難しい判断ではありません。

私は年頭に、手帳のすべての「大安」「友引」「仏滅」に○を付けます。同じようにすれば、読者の皆さんにもおおよその予測ができたはずです。

経営者やビジネスマンの皆さんにも六曜の大切さを心得て、ぜひそれを戦略的日程づくりに活用していただきたい。

社の命運を賭けた新製品発表の日取り

たとえば、「大安」と「仏滅」では、当日開催されるイベントの数が違ってきます。そのことを考慮に入れるだけでも、自社の新製品発表などの日程づくりはずいぶん変わってくるはずです。「大安」の次の日の朝刊は報道すべきニュースが多く、ハイレベルな紙面の争奪戦が繰り広げられるはず。

年間の日程やスケジュールを管理していくうえで、六曜の記されていない手帳は、それだけで不利。新機能満載の手帳をお持ちかもしれませんが、戦略的な広報やPRをしたいのなら、破棄するなり、誰かに差し上げて、新しく「六曜入り手帳」に買い替えていただきたい。

手帳に必要なのは、六曜だけではありません。あらかじめ書いておかなければならないことは多いのです。

社の命運を賭けた新製品や新規事業計画を発表する、ホテルに取材陣を招いての大々的な記者会見。ところが、その日が五輪の開会式の当日だったら、どうでしょう？

当然、テレビも新聞も扱いは小さくなります。小さいどころか、無視されかねません。宣伝効果はゼロ。そんな日に発表を設定するのは、ちょっと考えられないことです。

最高裁判所の判決日も要注意です。仮に連続幼女殺人事件の犯人の判決日なら、報道は一色に染まります。新聞であれば、一面、二面、三面から社会面に至るまで、ほぼ全紙面を使って、裁判での犯人の様子、犯行に至るまでの経緯、動機、被害者との関係、精神鑑定の結果など、細部にわたり報道される。

この判決日はあらかじめわかっているのですから、確実に手帳に記しておかねばなりませんね。

そのほかには、サミットや五輪、万博、各種国際会議のような国際イベントから国内各地の知事選、地方議会選挙に至るまで。さらには、アメリカの新大統領就任日、宮内庁関連の日程や各国首脳の公式訪問予定、ノーベル賞の授賞式、プロ野球の開幕日、サッカーのワールドカップ予選の最終決戦日……等々も、書き込んでおきましょう。

自社の不祥事をテレビで流させない

例に挙げた行事は多くの人に影響のある共通の事柄ですが、このほかにも業界ごとに、独自の行事や記しておくべき事柄があります。たとえば政治家にとっては、企業の決算期を把握しておくことも大切な仕事です。なぜなら、政治資金集めのパーティ券の売れ行きに影響するからです。普段なら一枚数万円するパーティ券を五枚も買ってくれる企業でも、決算を控え資金繰りにシビアな時期ならゼロということもあります。逆に、決算が終わって余裕のあるときなら一〇枚買ってくれるかもしれない。ビジネスマンにとっても、企業に商品を売り込んだり、営業をかけたりする時期を、同じように考えることができるはずです。相手先の都合も考えて行動しないと、せっかくの商品が台無しです。

各企業の決算期をチェックしておきましょう。

さらに強調しておきたいのは、会社の設立日、合併した日、創業者役員の誕生日です。この日取りは、自社だけでなくライバル他社の分も確認をしておかねばなりません。その会社にとって非常に大切な日の前後に、新製品の発表を行う可能性は案外多いもの。そのことを踏まえ、ライバル他社を出し抜くための対応を協議すべきです。

慶事の発表とは逆に、謝罪会見など不祥事の公表の場合にも、これらの書き込みは生きてくるはずです。国民が大きな関心を持っているイベントと、全く同じ時期に謝罪会見や記者発表を行うとどうなるでしょう。会見の様子はニュースとして一度だけ取り上げられ、それで終わり。夕刊や夕方のテレビニュースの話題はイベントに集中。翌朝以降も同様でしょう。

もしイベントが何もない空白の時期に会見すれば、ニュース、ワイドショー、新聞、雑誌……と、その不祥事はさまざまな角度から、何日間も延々と追及されることになりかねません。

どこでグッドニュースを、どのタイミングでバッドニュースを公表するか、一度考えてみるのも経営戦略の一環。いずれにしろ日程を戦略的に組み立てるためには、ほかの「各種行事予定」を把握しておくことが不可欠です。

任務を完遂するために、流行を追う必要はありません。余計な機能を覚えることよりも物事の本質を見抜く努力をすること。少々古臭くてもいいのです。もうずっと昔から変わらないデザインを守り続けているこの「衆議院手帖」に、今では愛着もわいています。

ライバルの動向が簡単にわかる!「知財」入門

派遣切り・賃金カット、経営者の責任はなし?

小泉内閣誕生以前の政府は、景気対策と称して毎年一〇兆円以上の公共事業等をいわゆる予算処置として行ってきました。結果、借金は一七〇兆円に膨れ上がり、日本は世界で誰も経験したことのないデフレ経済に突入しました。

この全く先が見えない状態で小泉内閣は発足し、マスコミの大批判を受けながら銀行等に資本注入をしました。小泉内閣の五年五カ月で、企業の収益率が一二〇%上昇、株価も同様に上昇しました。ある程度の光が見えた状況のなかで、安倍内閣へとバトンが渡されたのです。

残念なのは、企業が利潤を内部留保に回したこともあり、勤労者の所得が二・四%下落してしまったことです。

派遣切り、賃金カットなど、本来経営者に向くべき勤労者のあらゆる不満が、すべて政治に向いているという社会情勢は異常です。無論、政治に責任はあるでしょう。

しかし、この先行きが見えない経済情勢でまず考えるべきことは、責任のなすりつけ合いではなく、企業発展の知恵をひねり出すことです。

経営者も勤労者も、セクションを超えて皆が経営者の感覚で自社の位置づけをどう分析するかが、生き残るビジネスマンの最低条件と言えます。

これからの時代、企業が生存し発展するためには次の三つのことに留意しなくてはいけません。知的財産権（工業所有権＝特許・実用新案・意匠・商標）、行政、そして政治です。一般のビジネスパーソンには、これまであまり意識されないできた事柄でしょうが、実は、これらのうちどれか一つが欠落しても企業の永続的な発展はありえません。

まず、知的財産権です。たとえば製造業に属する会社が一つの新製品を発表したとします。優れた性能を持ち、多くの人に好まれるデザインで、ネーミングやマーク等も斬新で覚えやすく、ヒット商品となる期待が大きいと仮定します。この場合、私なら次の各点を確認します。製品の基本的な性能に関して、特許および実用新案の登録がされているかどうか。デザインの意匠登録はされているか。ネーミングやマークが販売上の重要なポイントとなっているなら、その商標登録がされているか否か。いくらヒット商品となっても、法的な権利を押さえていなければ、他社に簡単に追い抜かれてしまいます。性能上の特徴やデザイン、商標をマネられ、売り上げにおける独占的な地位は長続きせずに終わるでしょう。

逆に、他社の法的権利を、知らずに侵してしまっても大変です。ヒット商品となったのはいいが、意匠の点で他社の登録済みの権利を侵していた……というような事態になれば、むしろ訴えられる対象となってしまいます。その商品で得た利益を吐き出すどころか、損害賠償で大損失を被ることになってしまいます。

「出願傾向」でライバルの動向を探れ

このように、知的財産権の領域では自社だけでなく他社の権利もきちんと把握しておくことが大切です。特許庁に対する他社の出願内容を把握する――このことは、特に複数の同業他社が同程度の製品を抱えて競っている業界なら、ライバル他社の今後の動きを分析する場合にも欠かせません。たとえば、本来は自動車部品をつくる会社だったのに、最近は電気製品関連の出願が増えているといった「出願傾向」がわかれば、その企業が進出を図っている分野が透けて見えてきます。

ライバル企業の株価や売上高、利益など数字だけを眺めていればいい、というわけではないのです。

従来、これら特許に関わる分野は企業のなかでは裏方の隠れた存在でした。しかし現在は、経営者はもちろん、社員たちも営業部門であろうと事務部門や技術部門であろうと、自分のセクションを超えて全員が意識する必要があります。そのことで新しいアイデアが生まれるのです。

次に行政です。どんな業種であれ、その事業を管轄している官庁や法律と無縁ではいられません。どんな業界でも必ず複数の法律が絡んでくるはずです。一社員であっても、自社の事業にはどんな法律が関係しているのか、正確に把握しておくことが大切です。

たとえば、公正取引法違反。ある会社が、競争相手の多い厳しい業界のなかで共存共栄を図る見地から、同業のA社やB社と販売のルールを協定したとしましょう。その協定作成を担当した社員は、自社の生き残りに尽力したつもりでしょうが、場合によっては公正取引委員会から違反だと摘発されてしまいます。

最近は公正取引法違反の適用の垣根が低くなっているため、注意が必要です。生き残りのために行ったことで、逆に課徴金の対象になる恐れがあります。処分の度合いによっては倒産にさえ追い込まれかねません。

大企業であろうと中小零細企業であろうと変わりはありません。町の飲食店でも、消防法や保健所との関係は無視できません。たとえば二〇人の客が入る店なら、その数に見合う規模の厨房が、法律上必要です。

わかりやすい例として銀座のバーを取り上げてみます。地代・家賃が高い土地で、狭いスペースを活かしての商売です。経営者にしてみれば、厨房の面積はなるべく小さくして、客の席数を多くしたいと考えるでしょう。

しかし、法律を守らなければ店の生存・発展はありえません。そこで、客席のイスのタイプを工夫します。独立型のイスばかりを置くのではなく、壁を背にした側の席は長イスにする。設計図上は、この長イスは二人分の席とします。しかし、実際には三〜四人以上座ることが可能です。

近年、食品の産地偽装事件が目立っています。産地の表示に関する法律は、食品ごとに異なっています。意図的な偽装は言語道断ですが、悪意のない場合でも「知らなかった」では済みません。表示の仕方ひとつで倒産にも追い込まれます。衣服なども生産地の表示が必要です。

しかし、数ある商品のうちひとつだけ、外国の原材料が含まれていても国産と表示することが法律上許されている商品があります。JTの国産タバコです。国産タバコの葉の中身は、約六割が外国産ですが、どの国が何%などと細かく表示する必要はないことになっています。タバコは〝偽装〟が許されているということでしょうか。

嫌でも政治家と向き合わなくてはダメ

最後に、政治です。アメリカでも自動車ビッグスリーの存続が政治の決定にかかっていることは周知のとおり。企業活動には、好むと好まざるとにかかわらず政治が絡んできます。政治を利用することは大きな利益につながるので、冷静な判断が必要になってくるという話です。政治を無視しての企業存続はありえません。現在のような不況下なら、なおさらです。たとえば不況業種に指定されて固定資産税の減免や事業税の減額措置が受けられれば、それだけ生き残れるチャンスは増してきます。本社は東京や大阪、名古屋にあっても、工場や事業所を各地方に抱えている企業は少なくありません。固定資産税や事業税は地方税なので、それにまつわる措置は各地方の決定事項。それだけに、企業は地域の政界地図にも無関心であってはいけないのです。ほかにも融資枠の拡大や利子補給、低利での融資など各種の救済措置……等々、政治の決定に左右される項目は少なくありません。

一方、グローバルに事業を展開している企業なら、現地政府にどのぐらい食い込めるかが事業成功のひとつの鍵ともいえます。世界のどの国でも建国記念日などには必ずナショナルデーとしてパーティが行われるものですが、その式典の招待リストに縁のないような企業や経営者なら、まだまだ食い込みが足りないということです。国内外における、こういった政治との関わりも決して軽視すべきではありません。

私もしばしば外国の大使館パーティに招かれるのですが、日本企業の出席状況を見てはため息をついています。

キャリア官僚の「出世の階段」と落とし穴

栄光よ、さようなら。涙の「感謝の集い」

社会保険庁の問題や天下りなど、一連の報道のなかで公務員への風当たりは強くなるばかりです。公務員制度改革を叫ぶ声が高まっていますが、実態を知らないままに「改革」だけを叫んでいる識者や議員も多いようです。これでは議論がいつまでも空回りです。

まずは、キャリア官僚の人事と出世について勉強する謙虚な姿勢も大事でしょう。経営者にとっても、巨大な官僚機構がどう運用されていくかを知ることは組織の活性化につながります。

人事で最も気を使わなければならないのは、「剥がす」こと。つまり、今いる地位の人に別のポストへ動いてもらうことです。どんな人間でも、自分が出世することが当然だと思っています。特にキャリア官僚は自分に絶対的な自信を持っています。経歴にも能力にも自信を持っている人に、どうやって左遷を納得させるか。いくら「送別会」ならぬ「感謝の集い」を開催してもらったとしても、本人にとってみれば「終わり」を意味する悲しいお別れなのです。

組織がピラミッド型である以上、誰かが出世を重ねるごとに、何人もの人が主流から外されていきます。組織としては、露骨な異動もできないので、次のポストは一見すると出世しているようにも思えるものを用意する。さらに、用意したポストにいた人にも次のポストを用意する……。一つの人事を行うには、最低でも五手先まで読まなくてはなりません。心から納得することができないにしても、承知してもらうこと。そのために組織の外のポストを用意することになります。そこで登場するのが、いわゆる「天下り」や「渡り」なのです。

民間企業やマスコミでも一緒です。子会社の社長や常務などに出向する例は、枚挙にいとまがないでしょう。「官」のみ非難するのではなく、自分たちの衿も正すべきです。

出世コースから外れたとはいえ、キャリア官僚は優秀です。たとえば、法案づくりの際、一三（現在、一四）府省庁から寄せられる法案へのクレームや注文を集約する必要があります。その数は約七〇〇〜八〇〇問以上にも上ります。凡庸な能力では処理することはできません。国民の多くが接している公務員は、市町村の役所・役場の職員。彼らは残業してもしなくても給料が同じなので、一七時になると帰ってしまう。

国民は、優秀なキャリア官僚と接する機会はほとんどありません。これが、国民に大きな誤解が生じている理由なのでしょう。

彼らと凡百の経営者がやりあっても勝ち目はありません。私は、キャリアが優秀すぎるゆえに、多くの民間企業は取締役として迎えられず、顧問に納まってもらっているのではと疑っています。生え抜きの常務が一年かけてやってきたことを三日でひっくり返されては、体面が保てない。彼らは、その頭脳に加えて、それまで生きてきた世界のネットワークや、アドバイスをくれる優秀な知人が数多くいるのです。ですから、顧問ということでときどき助けてもらうぐらいが安全なのです。

もしキャリア官僚を経営の最前線に配置する企業が現れたら、その経営者の度量は大したものです。

〝他流試合〟のつもりが〝人工衛星〟に……

キャリア官僚の出世の第一目標は、五十代半ばで官房三課長（人事・会計・総務）になること。次に審議官、局長、官房長、そして事務次官に至るまで熾烈なポスト争奪戦を繰り広げます。

数ある課長職の中で、この三つの課長が大きな意味を持つのは、外部には一切漏らすことのできない機密を扱う部署だからです。事務方の最高位である事務次官になるために絶対に通らなくてはならない「官房長ポスト」は、より大きな機密を扱います。官房長になれば、与野党政治家との折衝や省内不祥事など、あらゆる案件を処理することになります。つまりキャリア官僚には「法案づくり」という〝表の案件〟に加えて、〝裏の案件〟処理の能力も問われるのです。

さらにこれらの幹部になるためには、「他流試合」と呼ばれる他省庁、都道府県庁への出向を二回以上経験しなくてはなりません。ここで問題になるのは、課長までにすでに二回出向していることと、課長になったあとに出向するのでは天と地ほどの差ができることです。一度の「他流試合」には最低二年がかかり、省内に帰ってきたときには同期はすでに出世。自分には「上がりポスト」しか残されておらず、これ以上の栄達は望めません。

他省庁にばかりいて、本省に帰ってこられない人のことを「人工衛星」と揶揄する言い方もあります。民間企業においても子会社や関連企業に出向いたまま、気づいたら定年という人もいるのではないでしょうか。

キャリア官僚は、出世するに従って個室が与えられるようになっていきます。審議官クラスになると、官僚はパーティションで仕切られたブースのような半ば独立した空間が与えられます。他の職員たちのいる場所とは区別された半個室。完全な個室に入るのは次のステップ「局長」からです。局長クラスになれば、訪れる人はノックしてから入室することになります。一人ぼっちの世界のはじまりです。事務次官ともなれば、執務室はさらに広くなり、そこにポツンと座ることになります。重要なポジションに就くほど、官僚は精神的にも空間的にも孤独になっていくのです。

リーダーにとって、情報から遮断されることは恐怖です。本人が相当しっかりしていないと、個室というのは情報からの「防音室」のようなもの。客観的事実だけでは、現場の空気が読めません。大部屋にいれば自然と耳目に飛び込んでくる雑音や周辺情報から、完全に遮断されてしまうからです。

情報を上げる部下の側も、ノックして個室を訪ねるという行為は億劫《おっくう》ですし、わざわざこの程度の話は報告しないでおこうということになってしまいます。あるいは「こういう悪い情報を持っていくのは気が進まないなあ」となるのは自然な心情でしょう。いかに部下からさまざまな情報を上げさせるか、リーダーは知恵を絞らなくてはなりません。

情報というのは、一見くだらないと思われる話や無関係な部署の話のなかにも重要なヒントが潜んでいるもの。ときにはバカ話のなかにさえ、ある種の真実が含まれています。そういった雑音と遮断されてしまうのが個室に入るということです。部下の疲労度や気持ちの変化、職場の盛り上がりやうねりも大部屋なら肌で感じ取れるのに、それらからも遮断されてしまうのです。

孤独と向き合うことは、リーダーの必須の条件です。遮断された情報の壁を打ち破らなくてはなりません。

部下がポンコツでは出世はおしまい

霞が関の官僚に関して案外知られていないのは、ノンキャリア官僚の存在の重さです。政府が行う施策は、実務レベルにおいて、ノンキャリアによって動いています。人数的にも八割を占めています。

そのノンキャリアの実質的な人事権を握っているのは、実は大臣でも次官でも局長でもありません。彼らの人事権を握っているノンキャリアの「ボス」がいるのです。

そのボスが誰なのか。公に明らかにされていないことも多いのですが、ノンキャリアの出世の本流を見極めていくことに加えて、ノンキャリア官僚を観察することでおよそ見当をつけることが可能です。各省庁の大臣室のスタッフには、事務を担当している女性などノンキャリアの官僚がいます。

その人たちは、人事権を持っていない大臣に憎まれようが叱られようが実は平気。ところが、自分たちの「ボス」が何かの用件で大臣室を訪ねて来たら、大変です。大臣の前ではボーッとしていても、突然緊張状態になる。その相手が誰かを見ればいいのです。

忘れてならないのは、キャリア官僚の出世にとって、ノンキャリア人事が重要な意味を持っているということです。

どんなに優秀なビジネスマンであっても、人事に意地悪をされたら大変です。配置された部下が全くやる気も能力もないポンコツばかりだと、仕事が一切回らなくなります。その結果、本来は部下にやってもらうべき雑務に追われ、実績も成果も残せないまま左遷されていくのです。自分たちの持つエリート意識からノンキャリアを甘く見ると、思わぬ落とし穴が待っています。人をつまずかせることは案外簡単なことなのです。

なぜ、社長が座る向き一つで会社は潰れるか

小泉官邸での座席配置のコツ

どんな場面においても、「座席」の席次、配置というのは、なかなか難しいものです。取引先や賓客を招いての正式な会議や宴会から、夜の飲み会、あるいは葬儀の席まで。主催者側の担当者が一番頭を悩ませるのが席次でしょう。私も大臣秘書官、総理首席秘書官として、さまざまな人々……現職閣僚、閣僚経験の有無、当選回数の多い少ない、各種団体の長や後援者……等々の席次には神経を使ったものです。

会議や宴席の場合、一番無難なのは円卓か、テーブルを「ロ」の字形に並べることです。この場合、出入り口に一番近い場所が下座。主催者側でその会合の庶務係的な務めをする人が座る位置。その庶務担当から見て正反対の対向の席、それがもっとも上座ということになります。

難しいのは、飲み会や葬儀などで、早めに到着された方で末席のほうに座ろうとする人への対応です。「もっと真ん中に、どうぞ」「前のほうへ」と勧めても「いやいや」

と遠慮する人がいますが、「じゃあ」と下座のほうに席を決めてしまうのは禁物。帰り道に必ず「遠慮したら、アイツ、本当にとんでもない席に座らせやがった」と不満が爆発してしまうでしょう。

席次決定の極意は、「指定席のようで、実は自由席」であることなのです。最終決定を出席者自身に任せてしまう。出席者同士が互いに感じている上下関係で自然にポジションが定まるように誘導することです。

議員の場合、真ん中近くに座っていた人も、自分より偉い人が来たと思ったら「先生、どうぞ」と席を譲ったり、格上の議員が仕切ってくれたりします。そういう、本人たち同士の力関係を利用するのが一番賢明です。自分が場を仕切っていても下手に口を出さない。

葬儀の席では、遠慮して後ろのほうのイスにばかり人がかたまって、前方の列が空席というケースが起こりがちです。このようなとき、前に移動を促す場合も、前のほうには連れて行くものの、その後は相手に任せるのです。

普段の仕事場における執務机の配置も大切なことです。

小泉政権が誕生して首相官邸に入ったとき、私はまず秘書官控室の机の配置を根本的に変えました。秘書官控室とは、首相執務室のすぐ隣にあって、政務秘書官である私と各省庁から派遣されてきた事務秘書官の計五人の秘書官チーム、さらに庶務担当

職務円滑のカギは「ロ」の字

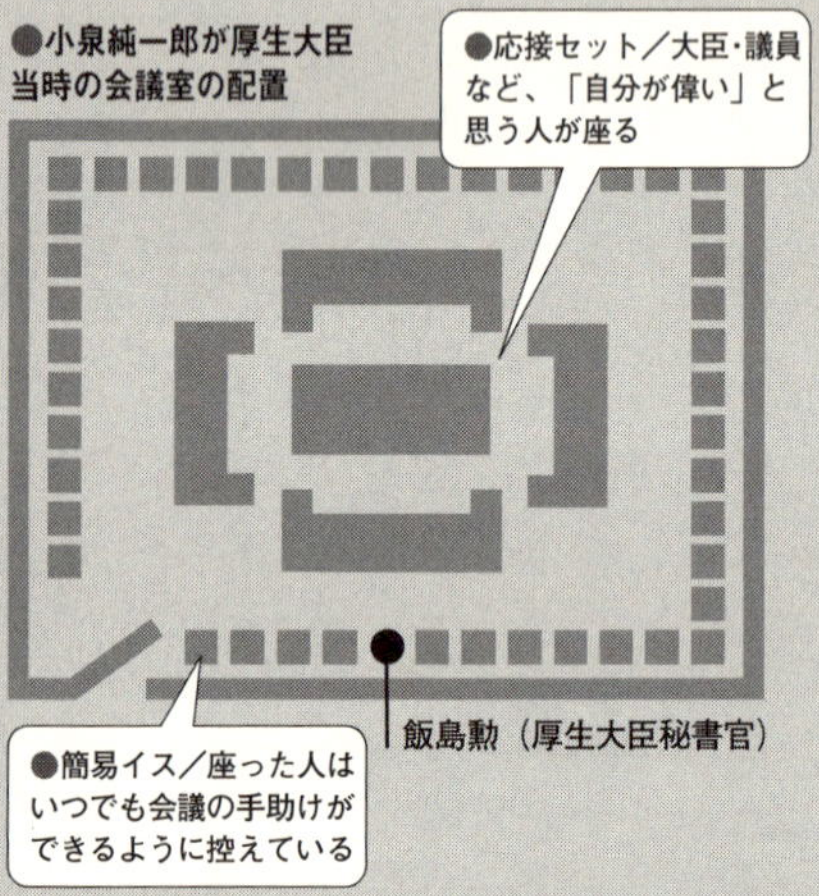
●小泉純一郎が厚生大臣
当時の会議室の配置
●応接セット／大臣・議員
など、「自分が偉い」と
思う人が座る
●簡易イス／座った人は
いつでも会議の手助けが
できるように控えている
飯島勲（厚生大臣秘書官）

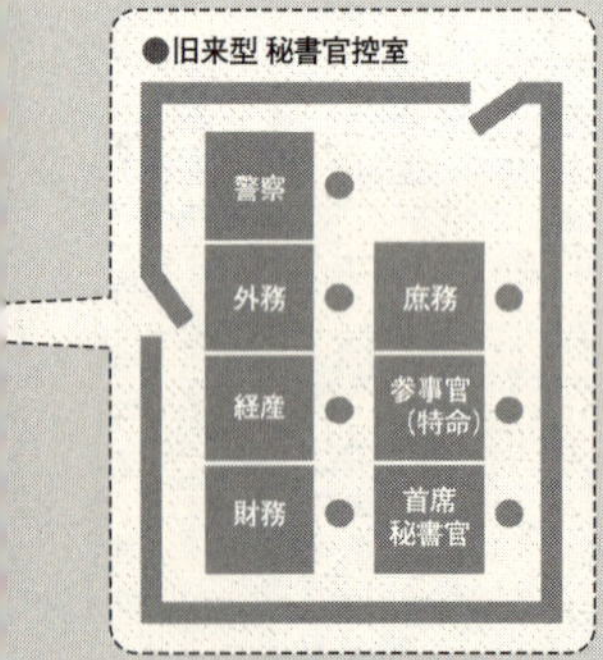
●旧来型 秘書官控室
警察
外務
経産
財務
庶務
参事官
（特命）
首席
秘書官

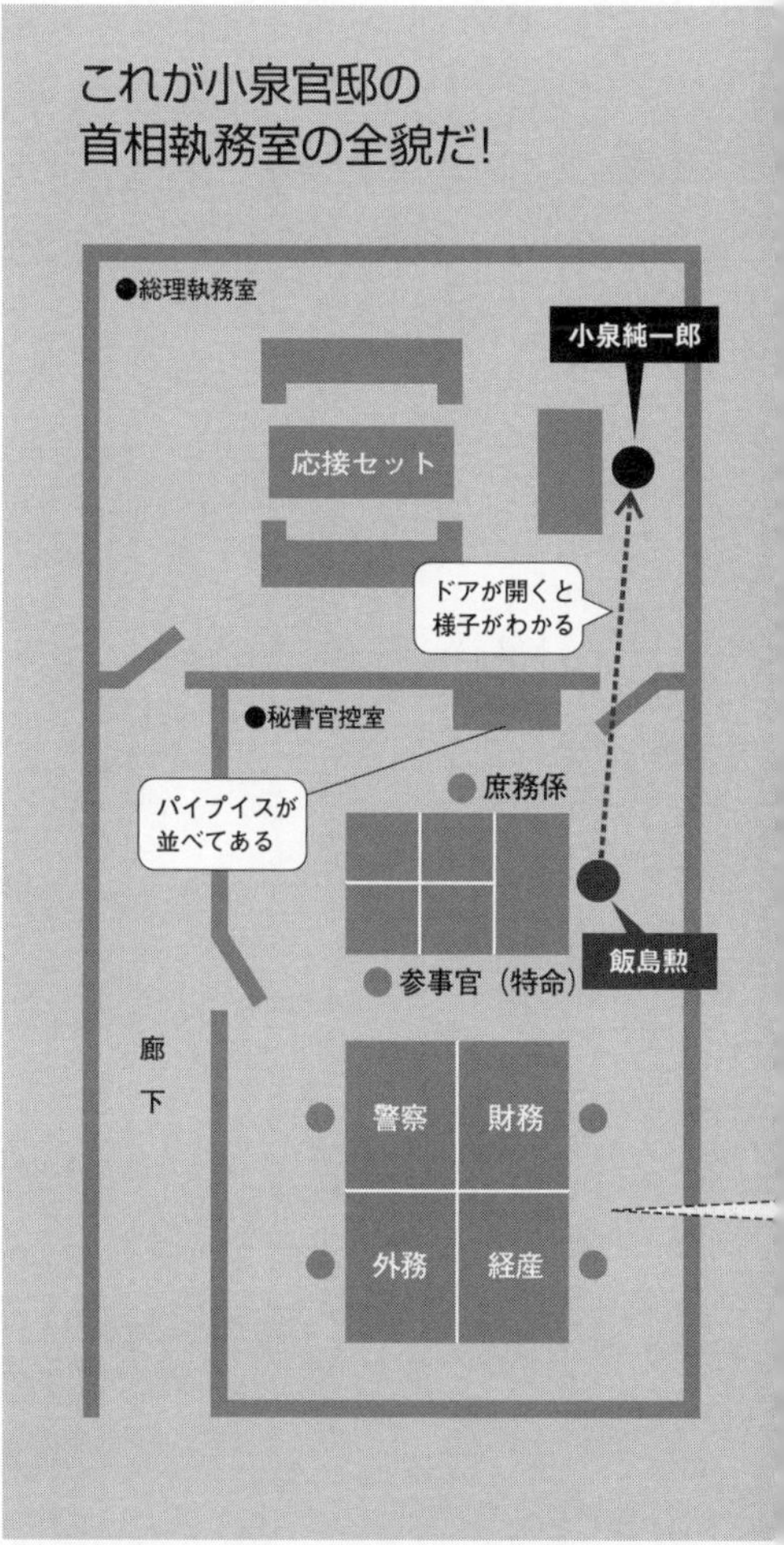
これが小泉官邸の
首相執務室の全貌だ!
●総理執務室
小泉純一郎
応接セット
ドアが開くと
様子がわかる
●秘書官控室
パイプイスが
並べてある
庶務係
飯島勲
参事官（特命）
廊
下
警察
財務
外務
経産

の女性職員が陣取る部屋です。

従来は、これらのメンバーがまるで市役所の窓口のように全員が入り口の方向を向く、「二」の字形で座っていました。それを私は「ロ」の字配置に変えました。

チームワークを醸成する「傍受了解」とは何か

なぜ「ロ」の字に変えたのか。互いの顔が向き合っていますから、自分の席に座ったままで会議ができます。他のメンバーが誰とどんな電話を交わしたかも、おのずと耳に入ってきます。

自分の担当以外でも、いま誰がどんな仕事を進めているのか自然と把握できるわけです。これが小泉官邸チームの意思疎通、仕事のスピードアップにおおいに役立ちました。

小泉官邸の秘書官控室で流行った言葉が「傍受了解」でした。前述のように互いの電話の内容が自然と耳に入ってくるので、改めて問い直さなくても済む。たとえば、経済産業担当の秘書官が「この件、外務省にも伝えておきます」と電話で話していたなら、電話を横で聞いていた外務担当の秘書官が「傍受了解」。いまの電話の件、傍受しました。内容了解です。それに合わせて、こちらも進めますというわけで、コトがとてもスムーズに運んだものです。

さらに「傍受了解」には、「信頼関係の醸成」という思わぬ副産物もありました。お互いのやっていることや意図を容易に理解し合えたのです。

官邸の秘書官控室での私の席は、首相執務室への内部ドアのすぐそばなので、首相との意思疎通が素早くでき、かつ庶務担当とも話がしやすい。

以上のように、仕事を進めるには「ロ」の字配置が最適だと私は考えているのですが、それは大会議室でも有効です。

小泉厚生大臣の時代の予算シーズンの会議でも、私はこの配置をとりました。各省庁では予算取りの時期、省内の大会議室でサロンを開きます。その部屋に当該大臣やさまざまな国会議員、官僚たちが出入りして、その省の予算についてあれこれ論議するのです。

そのサロンを、私は次のように設《しつら》えました。まず、部屋の中央に応接セットのテーブルを置き、その周辺に長イスを「ロ」の字に置く。さらに、部屋の壁際にはズラリとイスを並べて、ひと回り大きい「ロ」の字を形成しました。つまり「回」の字配置です。中央の小さな「ロ」の字部分には大臣や国会議員の方々に座っていただく。外側の大きな「ロ」の字部分にはキャリアからノンキャリアまで官僚がずらりと並ぶ。これなら耳目は部屋の中心部に集まります。周囲から注視されるなかで議論が展開され、誰の位置からもわかりやすいので、官僚や裏方によるサポートも随時可能です。

もう一つ、永田町や霞が関では、大臣や議長の座席位置に一つの大原則があります。首相が座るイス、両院の議長の席、大臣室のイス……、その組織を統括するトップが、皇居に背を向けないように配慮されているのです。

これは会社の経営者、部門長であっても同じこと。国家元首への敬意を欠いた組織に、未来はありません。皇居に背を向けるような会社は、滅ぶべきでしょう。いや、滅びます。

タイミング、時間、内容……賢い謝罪会見の流儀

うるさい社会部を手際よく追い出す

不祥事や事件の謝罪会見、釈明会見……これらは、企業や政治家、官庁など公の存在にとって、時として意に反して発生する頭の痛い問題です。

ここ数年、企業幹部が揃って頭を下げる光景や大臣のお詫び会見を、国民は何度も目にしてきました。対応の仕方を誤れば、何人かの大臣たちのように、身の破滅です。

危機管理責任者として必要ないくつかの知恵について考えてみましょう。

まず、誰も意識していないのが「場所」の問題です。謝罪会見をどこで行うのがいいのか。私が首席総理秘書官を務めていた時期、道路公団の副総裁逮捕という事件が起こりました。このとき、私は霞が関の日本道路公団の本部での会見・発表はいっさい行わないように指示しました。では、どう対処したのか。

監督官庁である国土交通省に公団トップである総裁が出向いて報告し、お詫びと今後の方針に関する説明を行うようにしたのです。そして、その機会を活かして、国交

省の記者クラブで会見する段取りにしたのです。

なぜか。逮捕者が出たという情報が新聞社やテレビ局に伝われば、徹底的追及をすることで知られる社会部の記者が道路公団に押しかけます。事件の内容もよくわからないまま、とにかく飛んできたという記者もなかにはいるでしょう。取材陣は、副総裁逮捕の次にはいったいどんな動きが起こるだろうか、事件の今後の新展開を見逃すわけにはいかないと、公団内に待機し続けます。

そうなると職員はお手上げです。いったん自らの敷地や建物内に入れた取材陣は、「もう終業時間ですから」「そろそろお引き取りください」と追い出すことはできません。「謝罪会見を早く切り上げて逃げた」「建物内から報道陣を追い出した」かのような報道をされてしまうからです。結果として取材陣への対応はエンドレスになります。危機管理の現場では、こういう点が一番切実な問題となってきます。

だから、自らの敷地で会見をしないこと。国交省への報告の機会を利用して、国交省に会見場を借りたのです。省内の記者クラブで会見。これならかぎられた時間で、第三者である国交省の人から「定刻につき解散」と宣言してもらえばいいのです。さらに国交省は政治部や経済部記者の縄張り。社会部の敏腕な記者といえども強引なことはできないのです。

民間企業の場合でも、自社内ではなく、たとえば建築会社なら建築業協会、電力会社なら電気事業連合会など業界団体の施設を利用したり、前述のように監督官庁の記者クラブを使うなど、知恵を働かせる余地があるはずです。

すべての会合は中止。全員待機を厳命せよ

問題対処の責任者は、その時点で知りうる事実をすべて把握していなくてはいけません。逮捕者が出たなら、その容疑内容を正確に把握する。社内の噂、ネット情報のようなものではなく、裁判所の司法クラブの発表を通じて、正式な内容を確認する必要があります。

次に、その容疑内容から事件の構造を可能なかぎり思い描いて、この事件が社の内外にどの程度まで広がる可能性があるか予測します。明確な予測が立つなら、会見では捜査当局が発表したこと以上に、説明・謝罪をすることとです。当事者としての事実の積極的な調査・確認と全面的な公表、明確な謝罪と、二度と繰り返さないという反省の姿勢を示すのです。率先して過ちを認め、反省をしていれば、マスコミの対応もずいぶん違ってくるのです。

小泉内閣の場合、道路公団と国交省の幹部など関係者にあらゆる会合の中止と全員待機を厳命したうえで、事件が省内や関係省庁のどこまで広がるかチェックするよう

指示を出しました。そのうえでトップである総裁に、ジタバタせず、その時点でわかりうる事実の公表と、二度と起こさないという姿勢を示せる段取りをつけました。

不祥事の全容は一気に公表する――これが重要なポイントなのです。

仮に、第一幕としてA部長が警察に引っ張られて事件が発覚、そこで謝罪会見を行ったが、やがて、Aと組んで事件に関わっていたB取締役も逮捕、再び釈明会見、さらにまた、同じコンビによる別の取引ケースも浮上した……などと、何度も謝罪会見を繰り返していたら、船場吉兆や雪印食品のように倒産してしまいます。「捜査当局より先を行け」と言うと、首をかしげる人もいるでしょう。一般には次のように考えがちです。「事件の中身について、まだ世間に知られていない部分は、捜査やマスコミによって表沙汰になるまでは黙っておこう」「自分から進んでマイナス情報を提供するのは得策ではない」と。

しかし、最初の会見後に新事実が次々と出てくるほうが、結果的なダメージはよほど大きいのです。

全容把握と公表は、当事者としての責任で的確に行うべきです。その過程で、必要であれば捜査当局より広い範囲で、早期に積極的に公表する。この積み重ねが、崖っぷちへと追いつめられた企業をしぶとく踏みとどまらせるのです。

ピンチとチャンスはコインの裏表

「場所」「全容把握」とともに大切なのは、会見や発表の「時間」です。会見の様子や事件が新聞にどう扱われるかということと、密接に関わってくるからです。

新聞の夕刊の締め切りはその日の昼前。午前一一時台。つまり記事が夕刊に掲載されるためには、原稿は昼前までに書かれる必要があるということ。一方、翌日の朝刊の掲載なら、原稿の最終締め切りは夜中の一時ぐらい。

私が企業の危機管理責任者で、不祥事によるダメージを最小限に抑えたいと考えるなら、会見は午前中に設定します。紙面が少ない夕刊のほうが、朝刊より扱いは小さくなると想定できるからです。また、新聞の性格として、一度大きく報道したものは再度大きく扱いにくいものです。たとえ翌日の朝刊で続報が掲載されるとしても、それはベタ記事となります。午前中と記しましたが、より正確にいえば、なるべく昼近くがいいでしょう。夕刊の締め切りまでに時間がないから、発表の内容が一方通行的にそのまま記事になりやすい。裏取り取材や周辺取材をして記事を膨らませる時間的余裕がない。そういうタイミングを狙うということです。

もしそのタイミングを逸したなら、発表は夜中に行います。朝刊の締め切り寸前の

記者会見・報道発表のタイミングを見誤るな！

●夕刊紙掲載のためのタイミング

嫌な情報は夕刊で出す	午前8〜10時
締め切り	午前11〜12時

●翌日朝刊紙掲載のためのタイミング

じっくり取材をさせたいとき	午後1〜 5時
周辺取材をさせたくない	深夜12時
締め切り	午前1時

※このほか大手週刊誌の締め切りも把握しておくとよい

時間帯です。深夜一二時に緊急会見。これも裏取り取材、周辺取材が難しい時間帯です。

新聞社としては朝刊で自分のところだけそのニュースを落とすわけにはいきませんから、発表をもとにとにかく記事を書く、ということになります。

実は、これは良いニュースをいかに大きく扱ってもらうかの裏返しでもあります。新製品の発表、企業の合併など、おおいに取材して報道してもらいたい話なら、午後五時頃に会見をすればいいという原則があるのです。建前としては、株式市場に影響を与えないというこの時刻。もう夕刊の締め切りは終わっており、明日の朝刊まで取材する時間はたっぷりある。朝刊のほうがページ数が多く紙面にも余裕があるはずなので、これがベストのタイミングとなるわけです。「不祥事と吉報」「ピンチとチャンス」はコインの裏表なのです。

「自宅に警官が！」からの検察・警察との闘い方指南

己が正しいと信じるなら、闘え

テレビドラマの殺人事件では、アリバイの破綻《はたん》、犯人の自供でお話が終わってしまいますが、実際の検察・警察と容疑者の攻防は、もっと厳しく、激しいものです。はっきり言って、日本人は逆境に弱すぎる。自分が正しいと信じるなら、徹頭徹尾、断固闘うべきです。たとえその相手が国家権力であったとしても、です。今回はそうしたせめぎ合いの方法の一端をお示ししたい。

当局は容疑者の目星がついてくると、容疑者の自宅付近に捜査員を派遣し、監視を厳しくします。

容疑者になってしまっているのなら「明日にも逮捕されるのか？」と部屋の片隅で怯えているよりも、合理的な行動で冷静な対処を試みることです。

自宅の周辺に捜査員らしき人影や車の姿が目立ってきたとき、「自分が逮捕されるのか否か」捜査当局の本気度を探る方法があります。

誰かに頼んで、自分の本籍地の役所に行ってもらうのです。そこで、自分の戸籍謄本や住民票が最近誰かに請求されたかどうかを確かめてもらう。警察が逮捕令状を取るには、被疑者を特定するために戸籍謄本や住民票が必要です。捜査当局も行政組織の一つ。当然、役所としての法的手順や慣習に従って行動しています。

ニュースでしばしば目にする、容疑者が逮捕や任意同行で車に乗せられていくところ。私は容疑者の服装に注目することにしています。これが実に面白い。

検察・警察に簡単に屈してしまうのは、背広にネクタイ姿の容疑者です。本人としては、きちんとした身なりで取り調べに臨もうとしているのでしょうが、これではダメ。不正を働いた企業の経営者や官僚がネクタイ姿で捜査車輌に乗り込んでいく姿を見ると、私は「これは一日で落ちるな」と確信してしまいます。

取り調べの場では、自殺防止のためにまずネクタイが取り上げられてしまいます。ズボンのベルトも同様に外される。メガネも手首を切る恐れがあるので外されます。人の品格や威厳を守るあらゆるものが剝ぎ取られてしまう。そんな情けない姿に変えさせられてしまうと、人間、頑張ろうとする意欲が削がれてしまうものです。

一方、ゴムバンドのトレーニングパンツに、足元はスリッパかサンダルという一見だらしない格好で連行される人を見かけることがあります。こういうケースは取調官も手こずるはずです。その服装から、すでに逮捕の経験があったり、検察のやり方を熟知した人間だと推測することができるからです。検察の追及を、のらりくらりと柳に風とかわす容疑者を想像し、これからくるであろう取り調べの苦労に、私は思いを馳せるのです。

捜査員は容疑者のココを調べ上げる

ガサ入れ……つまり捜査員が家宅捜索に入る場面も、最近ではテレビ映像ですっかりおなじみです。白い手袋をした担当官が続々と建物の中に吸い込まれていく光景。あるいは、押収した資料を詰めた段ボールを続々と何十個も担ぎ出していくシーン。

このガサ入れにも意外な盲点があります。それは家宅捜索令状に対するいわゆる「不同意」と呼ばれるものです。企業の不正で、たとえば営業部が容疑の舞台となったとしましょう。この場合、捜査員が令状を持って踏み込んできても、事件と直接関係ない社長室や工場、部員の自宅等については、捜索に「不同意」とすることが法律上可能です。

たいていのケースでは、当局はあらゆる場所に捜索の手を入れようとしてきます。パニックに近い現場でいきなり令状を突きつけられれば、多くの人は内容もよく見ずに「はい、どうぞ」となってしまうものです。捜索令状の文面は、容疑内容や押収すべきもの、令状を発布した裁判官名など、わずか一〇行程度の簡単なもの。捜索場所や押収するものについては、「その他本件に関係あると思慮されるもの一般」などという文章が加えられています。当局に拡大解釈を許すと、すべての場所に入り、あらゆるものを押収できるようになってしまうのです。

しかし、令状を示された側には、この容疑ならこの部屋は無関係だから不同意、この部課は不同意……というように、「待った」をかける権利があります。示された令状に対して不同意をかけ、捜索側がそれを了承しないかぎり敷地内には入れさせないということも可能なのです。

捜査は徹底して行われ、そこで発覚した余罪は、追及や駆け引きの材料となる場合もあります。捜索を受け入れる側としては、余計な場所には立ち入らせない頑張りが必要です。

一番ワルいやつはほくそ笑んでいる

一般に、自分の連絡先の入ったアドレス帳や手帳を隠せば、当局から逃れられると考えている人も多いようですが、私から言わせればまだまだ甘い。

贈賄などの汚職事件で個人の家を家宅捜索する場合、捜査員が重点的に調べる場所があります。

そのなかの一つが、洋服ダンスです。捜査員は洋服ダンスにある背広の購入時期をチェックするのです。高級な背広の内側には、製造年月日や買った日にちを表す数字が必ず書かれています。タンスの背広を全部チェックして、日付の台帳をつくっていきます。容疑者の身の回りにある高価なものがいつ購入されたのかを調べ、臨時収入があった形跡がないかを探っていくのです。それを銀行の預金通帳の出入りと突き合わせてみる。高価な背広代に相当するような金額の引き出しがなければ、贈賄企業から贈られた商品券や背広仕立券を利用した可能性が高いということになるわけです。

宅配業者の伝票も貴重な資料です。自宅周辺の宅配業者を回って、二年間分の伝票を全部調べる。贈答品のやり取りから、その人物の人脈や企業との関係が浮かび上がってきます。なかには、宅配便の受け取りを意識的に拒否するワルもいたと聞きます。伝票に残るのは受け取り拒否の記録ばかり。この手のワルは、後日、担当者を自宅へ呼び出します。その際、持参させる菓子折りに商品券や仕立券をしのばせるよう指示するのです。

この場合、受け取った側が取り調べに対して収賄を否定すれば、物的証拠はなし。出てくるのは受け取り拒否の伝票ばかり。しかし、贈った企業側に出金の記録はある。となると、場合によっては、「○○建設のA部長が（贈賄《ぞうわい》を口実に）会社の金を勝手に引き出しただけの横領事件」で片づけられてしまう。小さな事件の裏に、本当のワルが潜んでいるのかもしれないという危険を指摘しておきます。

おまわりさんも泥棒もお正月はお休みです

年末ともなると、年内逮捕か正月明けかということが捜査当局にとって一つのポイントになってきます。「逮捕はいつ？　正月は自宅で迎えられるだろうか」とビクついている人も、捜査当局の事実上の御用納めが一二月四日だということを知っておけば、年末年始、多少は枕を高くして眠れるかもしれません。

警察も役所です。暦の上の御用納めは一二月二八日。となると、年内に立件するには二六日頃までには法的手続きを進めなくてはなりません。そこから逆算すると、一二月四日には逮捕する必要が出てくるのです。まず、警察は逮捕後四八時間以内に、被疑者を取り調べて検察庁に身柄を送致しなくてはならない。

その結果、さらなる勾留《こうりゅう》・取り調べが必要と検察が判断すれば、まず一〇日間。さらに延長が認められれば再び一〇日間。つまり、計二〇日間。警察は被疑者を勾留し取り調べることができるのです。検察はこの期間内に、立件し起訴するかどうかを決定しなければなりません。一二月四日に逮捕して、四八時間プラス二〇日間の取り調べで、ぎりぎり年内立件です。これで捜査当局も気持ち良く二八日の御用納めを迎えられるというわけです。一二月中旬や下旬など半端なタイミングでは、逮捕しないのが通例です。前述のように立件にはタイムリミットがあります。年末年始をまたいでの取り調べは、極力避けたいのが組織や働く人間の意向ということでしょう。

やるなら正月明けに、ドカンと花火を打ち上げる。大型事件の容疑者逮捕を御用始めとするケースです。これを捜査当局は「初荷《はつに》」と呼んでいます。おまわりさんも泥棒も、お正月はゆっくり休みをとれるということなのでしょうか。

Column
上司に「カラスは白い」と言われたらどうすべきか
外務省キャリアも知らなかった抜け道

秘書の心得として永田町によく流布している話があります。

親分である議員や、地元の顔役から、

「カラスは白いと思うのだが、君は何色だと思う」

と問われ、

「はい、私も白いと思います」

と答えるのでは物足りない。敏腕秘書なら、

「カラスは真っ白です」

と断言するのが正しい、というものです。

しかし、私に言わせれば、この答えとてまだまだ甘い。何がなんでも「白いカラス」を見つけ、「やはり先生の言うとおりだった」と世論に訴えてこそ、プロの仕事と言

えるのではないでしょうか。
　二〇〇六年九月に出発した小泉純一郎総理（当時）が、五一回目の、そして最後の外遊で、フィンランドのヘルシンキへ訪れたとき、「白いカラス」を私は目撃しました。そのときの模様は、小泉メールマガジンにも長勢甚遠官房副長官（当時）の言葉として収録されています。ちなみに私は黄身が黄色くないタマゴ、匂いのないドリアンも実際に食べたことがあります。ガーナでは、鶏が米粉を食べているため、黄身が白くなってしまうのだとか。ドリアンは品種改良なのだそうです。

もちろん、小泉元総理が「カラスは白い」などと言ったことはありません。むしろこのエピソードは、議員と秘書ではなく、陳情者と事務所の関係といえるでしょう。「白いカラスを見たい」というぐらい解決不能な陳情が、政治家事務所には舞い込んでくるものなのです。しかし、票をお金で買うことをしない事務所にとって、このような相談の解決こそが生き残りの術《すべ》になっていきます。ビジネスマンが海外旅行へ行く際、必ず持たなければならないもの、パスポート。出発の三日前に期限が切れていたことがわかってもあとの祭り。大事な商談ができなくなり、業績もますます悪化……ということは、誰もが恐れるところでしょう。だからこそ周到に用意をしなければならないのですが、人間が過ちを犯すものであることもまた事実です。

もし、出発の直前になってパスポートの期限切れが判明したらどうするべきか。これも一見、解決不能に見えますが、実は、知己の外務省キャリア官僚さえも知らなかった驚きのやり方があったのです。

通常、パスポートの発券には、七日から一〇日かかります。住んでいる場所が本当にあっているのか、「はがき」でのやりとりがあるために、時間がかかるのです。

そこで「緊急発券」という仕組みを利用します。「緊急発券」とは、たとえば、外国で家族が事故やアクシデントに見舞われ、緊急に海外へ行かなければならない事態になったときなどに、パスポートを即時発券できる仕組みです。

これを公務やビジネスについて応用するのです。外務省に上申書として、現地でのスケジュール表と会社の出張命令書を提出します。たとえば、海外で行われる製品発表の展示会のブースや、企業の研究開発の発表や研修の要項などもその際に添付するのがいいでしょう。

海外へ遊びに行くのではなく、オフィシャルな用事で出向く。もし自分が出席できなかったら、企業が損失を被るばかりか、ひいては国益を損じてしまう、ということを強調できるものがあれば、大きな助力となりうるでしょう。さらには、現地の主催者からの自分の名前の入った要請文があれば心強いです。どうしてもイベントの初日に間に合わなくてはいけない、と強くお願いをした例もあると聞きました。

最終的な判断は外務省で下されることになりますが、上申書が信頼に足るのか吟味されたうえで、パスポートは即発券されます。濫用は避けなくてはなりませんが、この仕組みで助かった人は少なからずいます。国益を守る意味でも、パスポートの発券をあきらめず、おおいに海外で活躍していただきたいものです。

●文中写真は、飯島勲氏がフィンランドで見つけた白いカラス（ハイイロガラス）。AFLO＝写真

第二章

生活編「子育て、医療、住まい選び」の落とし穴

「底値を見抜く！」海外ショッピングの裏心理学

値切っても値切ってもまだ甘かった

私の家にある海外で買った一番の思い出の品。それは上質のパピルス紙の上に描かれた絵画で、エジプトで買ったものです。この絵を見るたびに私は、特別な感情がこみ上げてくるのを感じます。

小泉政権時代、総理秘書官として五一度の外遊に同行しました。海外へ行ったときの楽しみといえば、ショッピング。公務で自分の時間が二〇分ほどしかつくれないときでも、その土地のものを勇んで購入したものです。こういった話をするとうらやましがられますが、それは間違った認識だと思います。なぜなら政府専用機には、一般の旅客機とは違い、公式なフライトナンバーが振り当てられません。そのため、免税店に行っても手続き上必要なフライトナンバーが記入できず、ブランド物も免税にすることができないのです。

日本には、パスポートが三種類存在しています。外交旅券、公用旅券、そして通常のパスポート（一般旅券）。

外交旅券は大臣や大使などかぎられた人にしか交付されず、外国での不逮捕特権など、多くの特別な権利を持ちます。

公用旅券は、国会議員や一部の公務員に交付されるもの。ただし、北朝鮮は日本との国交が結ばれていないため、二度の訪朝時は小泉純一郎総理も含め、公用旅券を使用しました。この旅券は基本的に民間人への交付をしていませんが、そのときの特別な判断のもと、発行される場合があります。

たとえば、イラクのサマワで自衛隊の駐屯地を設置するための土地を借用しなくてはならなくなったときのこと。民間人を通訳と称して、現地の部族長との交渉に従事してもらったことがあります。任務遂行上、サマワの部族長たちにその通訳の身分を保障するため、公用旅券を渡したのです。ちなみにイラクでは、日本の借地借家法、土地売買の商習慣など全く通用しません。当初、外務省や防衛省の役人が地主一人ひとりを説得してムダな労力を浪費していましたが、イラクでは、部族長に話をつければ話が済みます。むしろ、地主の意向など全く聞く必要はなかったのです。通訳が交渉し、政府がそれを追認していく形でやっと借用することができました。

総理大臣秘書官当時、ある国から帰ってきたある官僚がこんな話をしました。

「実は、トルコに行ってきたのだけれど……」

その官僚は、訪問したトルコで余った時間を利用して買い物に出かけました。彼が商店街を歩いていると、ヘレケ（高級絨毯）がショーウインドーに並んでいて、柄がとても気に入ったのでお店に入ったのだそうです。

「いらっしゃいませ」

店員にこの絨毯を買いたい旨を伝えると、値段の交渉がはじまりました。

「とうとう最後には、定価の半分以下に値切った。店員は難しい顔をしていたけれど、最後には折れたんだ。やはり海外に行ったら、私みたいにしっかり値切らないといけない。日本人は交渉ができないからふっかけられるんだ」

と、その官僚は私たちに自慢話をしたのでした。彼の話はまだ続きます。

「店員もそんな私を認めたのか、時間はあるかと聞いて、別室に案内してくれた。しばらくすると、ものすごく高級そうなお茶が運ばれてきた。これがとても美味しかった。もちろん、料金は払っていない。最後には、高そうなカシミヤのセーターまで『家族に』と言ってくれたんだ」

そこまで聞いて私は「ん?」となりました。店員をやりこめたのであれば、あとの大盤振る舞いの説明がつきません。

一般に、商売人は相手を値踏みするもの。ヨレヨレのTシャツに汚いジーンズでお店に入ったのならともかく、日本人がビシッと背広を着込んでいる状態で、相手が値引きに応じてくれるようには到底思えないのです。

では、背広で出張する日本のビジネスマンには、海外でお得な値段で買い物をする方法はないのでしょうか。

実は、とても簡単に、自分が買いたい商品の底値を知る方法があります。これさえわかれば、相手がどんなに感情に訴えてこようとも、これがいかにすばらしい商品であるか熱心に説明したとしても、何の意味もなくなることでしょう。

それは値段交渉の際、相手の販売員が店長や店のオーナーに相談するか否か、ということです。世の中のありとあらゆるお店で、販売員が持つ裁量はかぎられています。これ以上になったら「上司に相談せよ」というマニュアルが当然つくられているはずなのです。

まずは、どんな理屈をつけてでもいいからめちゃくちゃに値切り続けること。相手がどんな値段を言ってきても、そこで合意してはいけません。

しばらくすると、販売員はその店の上司にこの値段でいいか、確認をとらなくてはいけなくなります。しかし、ここで値切るのをやめてはいけません。ここからさらに値切ること。すると今度は、店の外にいるオーナーに確認をとらなくてはいけなくなり、電話をかけることでしょう。そうなればしめたもの。そろそろ買い値が近いので、次は「おまけ」がもらえないかという交渉に入るのです。販売員が電話をかけはじめたとき、あなたはこれ以上ない快感に襲われることでしょう。

外務省官僚推奨のルビーもニセモノ

とはいうものの、私とて毎回うまく交渉できていたわけではありません。時間切れになってしまったこともあるし、人目を気にして無茶な値切りができなかったこともあります。私とて、海外旅行中の買い物では相当痛い目に遭ってきたのです。

たとえばブラジルで、現地の外務省の人間に「ここは信用できますから」と紹介を受け、宝石を買いに行ったことがあります。ブラジルは宝石の原産国で、しかもその店はこの国で一番信用がおける、というお墨付き。私は、勧められるままにルビーの原石を購入しました。外務省の人間がいる手前、品なく値切るようなことはしませんでしたが、それでも日本よりも十分安く買えたように感じました。そして、ブラジルをはじめとして、タイ、カンボジア、チリ、メキシコなどでも、その土地の原石を購入していったのです。無論、外務省の人と一緒に。

秘書官を辞めたあと、このルビーなどの原石を使ってネックレスや指輪をつくろうと、家内と三越に行きました。すると、三越の人がルーペでまじまじと原石を眺め、

「一〇日間、預からせてください」

と言うのです。もちろんそのとおりにして、後日、改めて三越へ向かいました。

「飯島さま、残念ながらこちらの石はすべて人工でつくられたもので、天然のものは一つもありません」

これは大きなショックでした。赴任している外務省の人間ですら、それと知らずに利用しているのです。しかも、すべての国で同じことが起きているとは。以後、宝石の原石なるものには決して手を出すまいと、固く誓いました。カルティエ、ティファニーなど、有名なブランド物でもないかぎり、海外で宝石に手を出すのは危険です。

まだまだ失敗はあります。私はパキスタンで、天体望遠鏡を買いました。マゼランが使っていたような、真鍮《しんちゅう》でできた大きな望遠鏡。古道具屋で目にして、これはすごいと思い購入しました。こんなに立派で古いということは、かなり貴重なものだろうと確信したからです。しかし、これもあとになって、インドの博物館の売店で全く同じものを発見しました。それも、うんと安い値で。店員に聞けば、ごく最近仕入れたものだとか――。

二〇一〇年に、私は家族とエジプトへ旅行しました。久しぶりの海外旅行に気が緩んだのか、結構高い買い物をしたものです。自分ではずいぶん値切ったつもりだったのですが、気をよくした店長に、水、コーヒー、コーラを振る舞われました。これはまだまだ値切れるのかなぁと思い、

「安くてもいいから、さらにおまけがほしい」

と交渉したところ、どこかで見たことのある絵が、どこかで見たことのあるパピルス紙に描かれたものが出てきました。そう、私の家に飾ってある、あの絵です。さらに同じものを三枚出して、店長は言いました。

「いくらでもやる、好きなだけ持っていけ」

家に飾ってあるパピルスの絵を見るたびに、私は悔しくて仕方がないのです。

知らないと危ない！　これが「冠婚葬祭」の落とし穴だ

結婚式披露宴やパーティ成功の秘策

ビジネスマンのなかには日常の業務に追われ、パーティや冠婚葬祭の仕切りを苦手に思っている人も多いのではないでしょうか。

結婚式の披露宴や企業等が主催する各種の式典やパーティ。規模の大きいものになると、地位のある人々がたくさん出席することになります。この種のパーティでは列席者の名簿づくり、席順決定、スピーチの順番など、頭を悩ますことも多いでしょう。

名簿は、誰にも失礼に当たらないように五十音順が一般的です。

座席の配置でのポイントは、各テーブルに「保留席」を設けることです。来賓には多忙な人が多いので、前日になって急に欠席ということもありえます。あるいは逆に、返事を保留していたが出席できることになったというケースも出てきます。急な欠席で会場の中心部にいくつも空席があればみっともないことになりますし、逆に急な出席のため、イスの数を増やしてテーブルを窮屈にするのも失礼です。

こんな場合に備えて各テーブルに「保留席」というものを入れておくのです。

実は航空会社にもJRにも「保留台帳」というものがあります。新幹線や飛行機の座席は、チケット上は満席でも、必ず空席が確保されているのです。これは、皇族や大臣等が急に利用する場合に備えるため。それが保留席で、その管理のためにあるのが保留台帳です。もし利用する必要が生じなかったら、当日券として一般向けに販売します。

宴会の座席設置にも、この保留台帳のような柔軟な発想が大事です。

前日、急に出席を知らせてきた来賓には、その保留席を充てる。仮に必要が生じなかったら、自社の役員をそこに座らせるなどして席を埋めます。

そして、この保留台帳式対応を完結させるのが列席者の座席表です。配布された座席表と実際の顔ぶれが異なっていたり、あちこちに空席があったり、急な出席であっても出席者の名が列席者名簿から漏れているのは、絶対に避けたいもの。

そこで印刷会社の業務状態をしっかり把握しておかねばなりません。座席表を一週間以上前に印刷しておくなど愚の骨頂。そこから、どんどん欠席者が増えていけば大変みっともないことになります。たとえば午後一時からのパーティ。そこに間に合うには前の晩、ギリギリ何時までに最終原稿を入れれば印刷可能か。その条件で実際仕事を引き受けてくれるのか。印刷業者とそのぐらいギチギチの交渉をし、確認を取っておくことが必要です。

どの順序で誰に何分喋らせるか

来賓にお願いするスピーチにも主催側は神経を使います。喋らせなければならない順序、人選など多くの難題を抱えます。

私の考えでは、一番重要なことはスピーチの持ち時間です。

いくら偉いからといっても、長々とお説教をされては来客も気が散り、居眠りをはじめる人もいるでしょう。私なら、スピーチの時間を話の面白い人なら一五分、退屈な人なら三分にしてしまいます。一国の大臣であっても例外ではありません。三分で十分。持ち時間を各人に個別に伝えます。大切な人や来賓に一様にお話をしていただく一方で、会場のお客様への気配りも忘れない進行がいいのです。当然、情報漏洩にも気をつけなければなりません。マイクを握る各人に互いの持ち時間が知られると大変に困った事態が生じます（笑）。

各種のパーティでは、乾杯の音頭、最初の挨拶、中締め、トリの挨拶……等々、さまざまな形で来賓にご登壇いただくのが通例ですが、これも主催者側の知恵のひとつといえるでしょう。パーティは時間帯の設定にも気を配る必要があります。コストの関係で食事を出せないなら、三時頃の開宴とすべきです。来るほうもお茶程度の会だろうと想像して出席します。それが一一時スタートだったり五時頃だったりすれば、たとえビュッフェ形式であっても当然何らかの食事は出ると考えるのが普通。それなのに食事がつかなかったり、お飾り程度の量であれば、せっかくのパーティなのに、むしろその企業の印象は悪化してしまいます。「忙しいなか無理して出席したのに、何も出なくてさ」などと外で吹聴されては、せっかくの祝宴も台無しです。

天皇陛下から香典袋。あわてず完璧に対処

一流企業ともなれば、社葬も完璧でなくてはなりません。葬儀を見れば、その会社の質がわかる――財界人など企業経営者の通夜・告別式に出席することの少なくない私は、常々そう思っています。葬儀、とりわけ社葬には、一般には知られていないノウハウが存在しているのです。

会社の創業者や一部上場企業の社長、会長、元社長といった人物の葬儀ともなれば、当然、都内なら青山斎場や増上寺など大きな会場を押さえる必要が出てきます。また、故人が叙勲対象者であれば、それに関する手続きも加わります。そういった諸々の必要事項を処理して、問題なく葬儀を迎えるためにも十分な期間が必要です。社葬や業

界葬の場合、日取りの設定で望ましいのは、亡くなってから最低一ヵ月ぐらい先になります。

叙勲については、生存中に叙勲されているケースもありますが、死亡叙勲ということもあり、そうなるといっそう大変です。この場合、亡くなった日から天皇陛下の「決裁」まで、叙勲手続きを三〇日以内に処理しなければなりません。功績調書や本人経歴書を作成して叙勲にこぎつけるわけです。敬愛する創業者が亡くなっても、担当者は悲しむ暇もなく、心を鬼にして事務処理に邁進しなければなりません。

勲一等ともなると、葬儀には天皇・皇后両陛下の生花が届き、勅使によって香典が届けられます。普通の香典袋は上のほうに「ご霊前」の文字があり、自分の名前は下のほうに書きますが、天皇家の香典袋は上のほうに「天皇陛下」と書いてあります。

坊主のお経は止まらない

葬儀を故人にふさわしい格のものとするには、総務・秘書部門の社員の的確な対応能力が求められるわけです。

集まり散っていく人々の動線を混乱させない。列席者が「ん？」と感じてしまうような空白や乱れを生じさせない……企業ほか各種組織にとって、葬儀をしめやかに、かつ手際よく遂行することは、慶事の場合よりむしろ重要であるとさえいえるでしょう。そして、それはまた、組織の能力や体質が問われる場ともなるのです。

偉大なる先達を称え、しっかり弔うことは、遺された社員の重大な責務ではないでしょうか。

葬儀で一番苦労するのは、弔問客の人数が不明なことです。お経の時間は一時間程度。三〇〇人だろうが一〇〇人だろうが、お坊さんが何時間もお経をあげ続けてくれるわけではありません。お経が終わっているのにダラダラと列が続いていたり、逆にお経が半分も終わっていないのに列が途絶えてしまってはみすぼらしい。

そこで重要になってくるのが指揮官、つまり葬儀担当社員の仕切り能力です。たとえば、弔問客が一〇〇人程度だったらお焼香台を一台にしてしまいます。三〇〇人なら一〇台ぐらいが目安ですね。

困るのは、お経の時間はまだたっぷり残っているのに、お焼香の第一波があらかた済んで、列が途切れてしまいそうなケース。私なら、そういう場合に備えて次のような準備をしておきます。受付、会葬お礼係、車輛係など裏方の社員たちを、あらかじめA~C班ぐらいに分けておくのです。一班は二〇人程度。大企業なら数多くの社員が動員されているはずです。

さて、当日。もしお焼香の列が途切れそうな状況なら、「A班出動」と、ひそかに伝令を発します。すると二〇人程度がパラパラと間を置いて列に加わり、ゆっくりお焼香する。まだ足りなければ「B班出動」です。社員たちも当然喪服ですから、弔問客には彼らが主催者側の人間だということなどわかりません。そのうちに、遅く駆けつけた本当の弔問客も何人か交じってきて、自然な形で列がつながっていけば大成功です。

これがわが子を出世させる3大テクだ

町一番の納豆売り少年「飯島勲」

選挙に立候補したいという人が私のところへ相談しにくるとき、私は「あなたのために働ける同級生を集めてほしい」とお願いするようにしています。そこで何人集まるかで、候補者としてのだいたいの資質が決まるからです。友人として選挙を手伝うということは、何日も仕事をほったらかして、その人物に勝負を賭けるということです。当選したとしても何の見返りも期待できないでしょう。

あるとき××庁長官まで務めた人が、ある地域の首長に立候補したいと相談しにきたことがあります。私は、そこまで出世した人間なら、田舎に帰れば「希望の星」として扱われていて、何十人でも駆けつけてくれるものと考えていました。

しかし、現実には誰一人として集まらないというのです。マジメな生徒で、バカみたいなことは一切せず東大に入ったような人は、選挙にも弱いし、政治家としての素質も疑わざるをえません。

現在「リーダー」の地位に就くような人は、どんな幼少期を送っていたのでしょうか。

同窓会に参加すると、学生時代の序列が蘇ってきて楽しいものです。社会人の集まりとなると、どうしても肩書からくる序列を前提に話をしなくてはなりませんから。「三つ子の魂百まで」の言葉どおり、当時物静かだった人は物静かなままでした。不登校だった人間というのは、つまりまじめな性格で、臨機応変な対応というものができないようです。組織にも恵まれなかったようで、相当不満がたまっている様子でした。

私と毎日悪さをしていたような連中は、消防団の団長、町長など地域の顔役をやっていました。

私ぐらい、幼少期を好き勝手に過ごした人間はいないかもしれません。

「飯島に言っておきたいことがある」と、いまでは大きな会社を経営する同級生が切り出しました。

小学生だった当時、あまりお金のある家庭でなかった私は、学校が終わると納豆を売り歩いていました。

「なっとー、なっとー」

と大人は大きな声を出して売り歩いていたけれど、そんなことやっても、「納豆」

を欲しい人以外、誰も出てきてはくれません。そこで私は、全く違うやり方をして辰野町でナンバーワンの納豆セールスになりました。

まず町長のところへ行き、家族四人に全員分だといって一箱（五個入り）を置いてきます。それを皮切りに同級生、先輩、知人の家などを全部戸別訪問すれば、二〇個、三〇個ぐらい簡単にさばけてしまいます。一個二円五〇銭にしかならないのでそれぐらい売りさばかないと話にならないという事情もありましたが、何日かすれば三〇〇個は売っていました。納豆の代金でいっぱいになった箱をひっくり返したとき、デュワーというものすごい音がでます。その金の音の心地よさといったらありませんでしたね。

先ほどの経営者が私に、

「飯島は納豆を毎日押し付けてきた。おかげで俺んちは毎日納豆を食わされたんだぞ」と言いました。その言葉に同調した周りの連中も「うちも」「うちも」と怒るものだから、私は弱ってしまいました。

納豆で儲けた私は、より利幅の大きいアイスキャンデーを売ってひと儲けしようと考えました。次のターゲットは草野球をやっているやつらです。一カ所に大人数が集まっているので効率がいいはずだと考えたのです。公園に着くと、「みんな集まれ」と言って、いったん野球を中断させて、一人ずつに渡していきました。

これもいい儲けになるな、と考えていたところ、「山に水晶がある」と言い出す子供がいたので、私はキャンデーを放って山へ遊びに行ってしまいました。「水晶」という言葉の響き、お金になりそうな予感に目がくらんでしまったのです。

ずっと探したけれど、水晶は見つからない。暗くなったのでキャンデーの置いてあるところまで帰ったのですが、キャンデーは回りの氷が解けてグチャグチャになり、売り物にならなくなっていました。

結局、キャンデー売りは赤字スタート。大失敗でした。

ずいぶんイタズラもしました。

そのうちのいくつかを告白すると、財布に釣り糸をつけて商店街に置いておくイタズラをしたことがあります。財布の〝落とし物〟を見つけた通行人が取ろうとすると、釣り糸を引っ張るのです。通行人はびっくりしますが、また取ろうとすると、こちらはまた引っ張る――この光景を見つけた商店街のおばさんにこっぴどく叱られたのを覚えています。

また、辰野町西小学校に通っていたときのこと。隣の東小学校へみんなで出かけていき、「東の学校、へぼ学校。入ってみたらクソだらけ」と校門の前で合唱したこともありました。これは相手の学校の先生をカンカンに怒らせました。

でも、一緒にそんなバカをやっていた連中が、いまでは地域や商工会のリーダーになっているのです。

国のリーダー、組織のリーダー、地域のリーダーの資質は、案外こういうところでつくられるのかもしれません。子供がとんでもないイタズラをして怒られてきたら、表面では叱りながら、内心で祝杯をあげましょう。

「りさ」という子が留年しかけた理由

では、わが子を大物にするにはどうしたらいいのでしょうか。具体的な実践方法を三つほど伝授します。

まず、気持ちの悪い教師や最低の担任にめぐり合うこと。この出会いは将来必ずプラスになります。いまは頭を叩くとすぐ訴えられるような社会になってしまいましたが、理不尽に体罰を受けたほうが（程度にもよりますが）、我慢強い大人になれるのです。学生を卒業して、突然大人の社会に放り込まれてから理不尽なことを言われるよりも、子供の頃に経験をしておいたほうがいい。国際社会、日本の政治、会社、組織、そして家庭であっても、道理の通らない矛盾だらけです。自分の正義が、世の中にどれだけちっぽけなものとして扱われるか、身をもって体感しなくてはなりません。そのうえで正義を貫く、そんな人間に成長してほしいと思います。

次に、放任主義が大切といえども、ジッと見守ってあげることです。特に幼児期、子供は好き勝手に遊びまわっているようで、親から五、六メートル以上離れません。親がどこにいるかをしっかり知っているのです。

　ここで気をつけなくてはならないのは、親がその地点を動かないことです。親が動くと途端に子供は方向感覚を失ってしまいます。親がジッと動かないことで、子供は方向感覚を身につけることができるのです。大人になってからの方向感覚のあるなしは、幼児期に決定されると言っていいでしょう。

　最後は、子供の命名です。大物になる子供なら、アメリカやイギリスへ留学することもあるでしょう。そんなとき、日本の表記と向こうの国の表記を混同するとまずいときがあるのです。たとえば、「りさ（梨沙、理紗……）」という名前。通常、パスポートにはヘボン式のローマ字で「ＲＩＳＡ」と表記されます。

　しかし、海外で「りさ」は「ＬＩＳＡ」と書いたほうが自然です。ニックネームとして書くのであればいいのですが、ある日本人が留学する際、学校に「ＬＩＳＡ」と登録してしまいました。問題が起きたのは、イギリスの学校を卒業後、今度は留学のビザを延長してアメリカの学校に入ろうとしたときです。

　留学ビザを申請する際、入学証明書などをアメリカ大使館領事部に提出しなくてはなりません。その際、パスポートの表記と証明書の表記が違うと、同一人物と認定されないのです。実際にこの場合は、ご両親が必死の思いで各所に働きかけをして、ギリギリでことなきを得ましたが、名前が原因で留学ビザが交付されないケースが起きているのです。自分の名前を外国式の表記に改めるときは、慎重になってほしいものです。

「留学」が「留年」になるのは一字違いですが、一年の違いを生みます。若い頃の一年は、非常に大切です。近年流行する「英語圏でも通用する名前」には特に注意が必要でしょう。

「建蔽率、違法増築、農地転用」法の抜け道を暴く

墨俣の一夜城のごとく違法増築をする方法

土地と建物で起こる諸問題の解決には、法律を超越した方法が必要なことが多く、実際の運用を知らない人ばかりが損をしているのが現状です。たとえば、実際にこんな出来事がありました。

A社長は、困っていました。

自社の四階建てのビルでは、ずいぶん手狭で、どうしても増築して五階建てにしたい……。しかし、建蔽率などの問題から、当局の増築許可がおりる可能性は皆無でした。

そこでA社長は、大手住宅メーカーBにある発注をしました。

大手住宅メーカーBでは、その需要を見越しているかのようなサービスを実際に行っていたのです。

そのサービスの仕組みはこうです。今回の件でいえば、五階部分の骨組み、柱から

パーテーションまでを工場でつくっておきます。他方、増築の現場では、その工場の材料を組み立てるための基礎工事のみを済ませておきます。その際重要なことは、現場での組み立てが簡単でごく短期間（三日間）で作業が可能なように準備することです。

準備が整ったところで、（ろくな建築資格さえない）宅配業者が、簡単な研修を受けて工場へ行き、材料と図面を受け取って現場へ行きます。基礎工事を済ませた現場で、図面（要するにプラモデルの説明書だと考えてもいい）どおりに骨組み、柱、パーテーションなどを三日ほどで組み立ててしまうのです。

ここでのポイントは、外側だけでも完成してしまうと、役所は取り壊し命令や工事停止命令を出すことはできない、ということです。結局黙認となり、当局はA社長にせいぜい固定資産税を支払わせるのがやっとになってしまいました。

A社長から考えても、国が五階部分を「資産」として認めることになるので、固定資産税を快く支払うでしょう。

内装に関しては、専門の大工に頼んで、ゆっくりと完成させればいいのです。壁を張るのもよし、瓦を葺《ふ》くのもよし。

さらに万全を期すうえで、組み立て決行の日は、一二月二八日夕方以降の年末にするのです。この日は、役所の御用納め。二八日夕方以降で通常どおり仕事を続ける役所はありません。みんな正月休みをとって家に帰ってしまいます。次に役所が本格始動するのは一月四日朝から。その六日間に、先ほど用意した骨組み、柱、パーテーションを運び込み、五階部分を工事すればいいというのだから、まるで「墨俣の一夜城」をつくった豊臣秀吉のようですね。

京都の道が狭いままの理由

この問題の背景には、日本全国各地で違法建築が黙認されてきた歴史があります。現状では違法建築であっても、実際にあるものを壊すようなことはしない、という盲点を突かれたのです。

たとえば、住宅が密接する地域、昔ながらの家屋、農地においても、法律を超越したやり方が日常的に行われています。

建物をいったん更地にしてつくり直す場合、隣接する境界線から七〇㌢は離れたところから建てなくてはなりません。そうしなければ建築確認の検査済証が発行されなくなってしまい、銀行もお金を貸すことはしないでしょう。もしお互いが建て直せば、最低でも一㍍四〇㌢は距離が開くはずです。

道路の上に家がある場合もあります。これもどこの町でも起こりうることで、台帳には六・五㍍道路が書いてある場合が多い。いわゆる道路法の道路とは、最低六・五

違法建築を当局が黙認するまで

12月10日	増築部分の組立部品発注
12月15日	増築部分の基礎工事開始
12月27日	増築部分の基礎工事完了
12月28日	官公庁の「御用納め」
12月29日	増築部品の搬入・組立
1月3日	組立完了
1月4日	官公庁の「御用始め」
1月5日	内装工事開始

→官庁に「固定資産税」納付で既成事実化

※著者の話をもとにしたモデルケース

メートル。六・五メートル以下のものは、建築基準法上の「二項道路」と呼ばれます。

実際の道路は、四メートルだけど道路台帳には六・五メートルと書いてあるとすれば、これはどういうことでしょうか。

ようするに、その差の二・五メートルの部分は、道路の上に家が建っているということです。更地にして建て直すと、その分の道幅を空けて建築しなくてはなりません。

しかしこの二つの例でも、法律の抜け穴を使って、建物を新築同様にしてしまう方法があります。

その面積を減らさずに建てるやり方とは、まず半分をつくり、そのあとに残りの半分をつくるというもの。建前としては、改築を繰り返していると主張します。これは改築なのだから、と。結局、新築と同様の建造物が完成してしまうという寸法です。京都や東京の下町など、住宅が密集している地域で実際によく行われています。

最近ではあまり見なくなった萱葺《かやぶ》き屋根の取り替えも同じ原理です。一度に萱葺きを交換しようとすると、新たに家をつくったとみなされるため、当局の許可が必要となります。しかし、現在、建築基準法の適用される地域では、萱葺き屋根の家をつくることができないため、許可もほとんどおりません。よって萱葺き屋根の家は、先の「改築」の例と一緒で、半分ずつ取り替えていくことになるのです。

余談ですが、代々木にある日本共産党本部も、改築を繰り返して建てられたものとして知られています。太平洋戦争前、権力の介入を強く受けた反省から、同党は、当局による立ち入り検査を警戒したのでしょう。そのため増築という形をとり、新築時に必要な当局による立ち入り検査をさせませんでした。

グレーゾーンにともなう政治リスク

法律のグレーゾーンという意味では、農業振興地域にも問題があります。

農業振興地域とは、農業地を減らさないために設けられたもの。食料自給率を向上させる目的で、周辺一帯の土地の売買を規制してしまうのです。すると、お金に困ってちょっと売りたいと考えても、農地法に引っかかって土地の所有権移転（農地転用）ができないのです。これを農地転用するには、農業委員会による許可が必要になります。

しかし、ここでも抜け道が存在しています。家族間で、兄弟が分家して家庭を持つという場合は「都市化」という名目で家を臨機応変に建てられる場合があるのです。農業振興地域のど真ん中でどんどん家が建っているのはそのためです。

これまで指摘してきたような脱法ともとれるようなグレーゾーンの行為を続けると、あとになって議会で追及される可能性もあります。政治問題化するのは非常に危険で、企業としての社会的地位も失いかねない事態になります。

ここで多くの人が、共産党が建設委員や農業委員になったら面倒くさいな、と考えてしまいます。

しかし、面白いことに共産党さえ認めれば、たいがい大丈夫だという逆説的な現象が起こっているのです。

市区町村の共産党議員が建設委員や農業委員に就任し、そのうえで好き勝手にやってしまったとします。

その許可を得るどこかの段階で、共産党の市会議員がハンコを押しさえすれば、その後共産党から質問を投げられ「あそこがおかしい」と言われたときでも、「共産党の委員がちゃんとハンコを押してくれたのに、それを共産党が反対するのか」と矛盾を突くことができます。「もっともクリーンな政党」である共産党のお墨付きを得られるよう知恵を絞ることも、現実の企業経営では重要なときがあるのです。

最後に、法律を超越した「(陳)（『マルチン』と読む）」項目の存在についても指摘します。ほとんどの自治体に存在すると思われる、表に出すことのできない案件の存在です。「その他の事業」と表記しているところもあります。

これは圧力団体や組織がらみの事業で外への説明が困難な事業のこと。具体的なことには踏み込みませんが、どう考えても国有地、公有地と考えられるような場所に住宅が立っているのを見たことはありませんか。

そんな場合でも、官僚は法律違反とはせず、法律を超越したものとして隠密裏に解決策を模索します。

河川や道路の幅が広すぎるから、たまたま空き地ができた、というような説明をし、合法的に現行制度に合わせられるような仕組みをつくってしまうのです。

勇気も覚悟も知恵もない現在の政治家たちは、日本の暗部に手を突っ込むことなど絶対にできません。多少なりとも本質を見抜く読者が現れるのを期待して、今回は事実を提示しました。

アリ、水漏れ、宣伝……住まい選びの落とし穴

異常繁殖、五〇〇匹！　アリに寝込みを襲われた

リフォーム技術の革新によって、日本の中古住宅への意識が大きく変貌を遂げつつあります。

以前は、「石」の文化であるヨーロッパと、「木」の文化である日本では、住宅に対する考え方が大きく異なっていました。リフォームを続け、築一〇〇年であっても住み続けるヨーロッパ。反対に日本では、住宅は古くなれば壊し、新築にするというのが常識でした。

もちろん、現在においても日本はリフォームについてヨーロッパにまだまだ後れを取っています。住宅投資に占めるリフォームの割合も、ヨーロッパ諸国が五〇％を超えているのに対し、日本は三〇％を切っています。

しかし、自民党政権下で打ち出された「二〇〇年住宅」、民主党も〇九年の衆院選のマニフェスト（政権公約）で、リフォームを住宅政策の最重点に位置づけるなど、徐々

にリフォーム市場が活気を帯びはじめているのも事実です。これからリフォームや、中古住宅に住むことを考える人もいるでしょう。

今回は、見落とされがちなリフォーム、中古住宅の落とし穴について、実際の判例をもとに考えます。

【Aさんの場合】

Aさんは、不動産業者の媒介で、平成一〇年、昭和五二年築の中古マンションの一室を購入し、入居。しかし、入居後すぐにトイレに水漏れが発生し、さらに台所の給水管にも水漏れが発生。そこで直ちに修理を行いました。

同年中に(管理組合)総会で可決された汚水管修理工事が行われ、管理組合より工事費用の分担金の請求を受けました。

Aさんは、「宅地建物法にいう『飲用水、電気及びガスの供給並びに排水のための施設の整備の状況』の説明義務は、単なる施設の有無についての説明にかぎられず、この場合、給排水施設の修理を要する状況であったことを説明しなかったことは、媒介業者らに重要事項の説明義務違反がある」と主張して提訴しました。

○平成一二年福岡高裁判決

判決、却下。

築二〇年を経過したマンションで特段老朽化等の著しい物件ではなく、媒介業者の説明義務があったとは言えない。

給排水施設の老朽化が進んでいたにもかかわらず、一切説明はありませんでした。住宅を選ぶ際に、給排水施設を正確にチェックすることなど不可能です。不動産屋があえて黙っていた可能性さえも否定できません。こうなれば、泣き寝入りです。全国的に中古物件に人気が集まれば、今後はこのような問題が頻発してしまうかもしれません。

さらにひどいのが次の例です。

【Bさんの場合】

Bさんは、築二五年の中古マンションに入居しました。一ヵ月後、アリが台所で列をつくっているのを発見。その後、食器棚に五〇〇〇匹を超えるアリと、アリの巣を見つけ、就寝中にアリに刺されるなどの被害に頭を悩ませました。

同マンションの居住者から、アリの被害が一〇年以上も続いていることを聞き、管理組合の担当者からも少なくとも五年以上前からアリが発生し、完全な駆除ができないでいることを知らされました。

Bさんは、瑕疵《かし》担保責任に基づき、売買契約を解除し、それを前提に損害賠償等を請求しました。

○平成一二年大阪高裁判決

判決、却下。

築二五年以上経過した、そのマンションでは害虫の発生、棲息等はある程度予測されることであり、建物の構造に起因するものである等、日常生活に絶えず支障を及ぼし、これを低減することが不可能でないかぎり、住居として瑕疵があるとまでは言えない。

アリ被害は、アリが異常繁殖したためであり、このような状態が常態化していたとは認めがたい。マンション全体で対応すれば生活に支障がない程度にアリ被害を抑えることは可能であり、マンション住人の大半が転居を考えているとは言えない。よって売買契約の解除及び損害賠償請求は理由がなく、不法行為の主張も認めがたい。

以前からアリ被害があったのに、居住するまで一切知らされず、結果、五〇〇匹のアリが就寝中の住人に襲いかかったのです。想像するだけでも恐ろしいことですが、現実に起きた事例です。もし、このアリの一件で転居を決意した場合、住人は、次の住人に「事実」を知らせるでしょうか。知らせなかったことで何も罪に問われることがないのであれば、不幸が再生産されていくしかないでしょう。それにしても程度の低い不動産屋に当たると、どこまでも我慢を強いられてしまいます。

一般に不動産屋は、オーナーの味方であることを頭に入れておいたほうがいいでしょう。不動産屋は、そもそも売り物がなければ商売になりません。オーナーの意向をなるべく反映し、高値で取引させることで利潤を得ているのです。特に好物件にめぐり合えれば、利益に直結するので、オーナーにあの手この手を使って取り入ろうと考えているはずです。数年に一度、下手をすると一生に数度しか門を叩かないような消費者を軽視してしまうのはしょうがない、ということなのでしょうか。

「ハイグレード」とは実際、どの程度なのか

【Cさんの場合】

Cさんは、売り主業者からマンション一階部分の居室を購入し、引き渡しを受けました。しかし入居後、上階からの台所の排水音、トイレの給排水音、さらには放尿音が聞こえることが判明。それが激しいことから、眠りを妨げられるなどの生活障害が生じ、使用に耐えられないとして、売り主に防音工事を求めました。売り主業者は、居室内トイレのパイプシャフトおよび天井にグラスウールおよび遮音シートを巻きつける工事を実施しました。しかしCさんは、このマンションのパンフレットに記載された「ハイグレードマンションとして品質を保証する」とありながら、通常要求され

る品質・性能を具備していない瑕疵があり、マンションに生活騒音対策工事が施されていないことは住宅として根本的な欠陥であると考えたのです。

そしてその欠陥を知らないまま売買契約を締結したことに対し、売買目的物の要素の錯誤と主張し、契約の解除と売買代金の金員等の返還を求めて提訴。
○平成一四年神戸地裁判決
判決、却下。

「ハイグレードマンション」の文言は、宣伝用としてよく用いられるセールストークにとどまるもので、通常要求される品質・性能を具備していない瑕疵があるとすることはできない。

実はこのケースと同じようなことが、さる大物政治家にも起きていました。衆議院の九段宿舎ができたころ、ある総理大臣経験者が入居し、トイレに入りました。すると、放尿音が聞こえたのです。びっくりして呆然としていると、今度は放屁音まで聞こえてきたというのです。その政治家は慌てて新居を探して引っ越しました。

三月、そして四月は、日本において民族大移動が行われる季節。就学、就職、転勤など、日本人は春になると新しい住まいを得る場合が多いものです。統計的に考えても、年間の三〇～四〇%もの人口移動が行われています。読者のなかにも引っ越し、中古住宅の購入を考える人もいることでしょう。不動産選びは慣れないうえに、金額が高い。慎重に行動するに越したことはありません。

「ハイ（高い）グレード（等級の）マンション（大邸宅）として品質を保証する」と謳っていても、司法は住民の味方をしてくれるとはかぎりません。もはや不動産屋、広告の文句など、そもそも信用してはならないと言っているようなものです。

真の名医はカルテをくれる、テレビに出ない

大切な命。医師よ、まじめに働け

人は誰もが病気になります。私が秘書として働いた三十余年の間、あらゆる陳情や相談を受けてきましたが、「いい病院、いい先生を紹介してほしい」という切実な悩みを多くの人が抱えていました。

自分の家族に対して、最善を尽くした治療を施してあげたいという気持ちを考えれば、当然なのかもしれません。

しかし、テレビ、新聞、各マスコミには情報があふれかえっていて、いったい何を信じていいのかわからない人が多いもの。

たとえば、テレビから流れる有名人、著名人の主治医の記者会見を見て「あのお医者さまに診てもらいたい」と考えたとします。しかし、一般の人があのような特別扱いをされることはありえないうえに、記者会見をしている医師と、実際に執刀する医師は違うときもあります。

また、マスコミへ頻繁に登場する医師の実力を私は疑っています。本当にいい医師というものは、患者が来すぎて困っているはずです。病気の処置（手術）には、一件で六～七時間かかってしまうもの。残りの時間で学会への研究発表、最新医療知識の情報交換などをすることになります。医師がマスコミに登場してチヤホヤされている時間はないはずです。

通常の診察では「三分」しか取れない場合もありますが、それも時間の使いよう。その三分の間に体温を測ったり、血圧を測ったりするのは時間稼ぎでしかありません。そんなことに終始しているとしたら、その医師はまじめに患者と向き合おうとしていないのかもしれませんね。

同じ効能なのに、値段が全く違うクスリもあります。いろいろな理由をつけて、高いクスリを出してくる医師にも気をつけたほうがいいでしょう。バックマージンをもらっているか、何らかの便宜を受けている可能性があります。少なくとも患者目線での治療を行っていないことだけはたしかです。大量のクスリを出す医師をありがたがるのも、そろそろやめたほうがいいでしょう。妊婦さんにクスリを飲ませて、土日祝日、深夜早朝に出産を避けさせる行為が横行しています。いまや医師が誕生日を決める時代になってしまったのです。

「平成の赤ひげ」みたいな医師は、三六五日、高いクスリも出さず、頑張っています。

「収入がいい」とか、「社会的地位が高い」といった低い志で、大切な命を弄んでほしくないものです。医師だけが激務なわけではありません。世の中、頑張って働く人は一様に大変なのです。

いい病院、いい医師をどう見分けるか

それでは、どうやったら最善の医療を受けることができるのでしょうか。一から考え方を見直していきましょう。

まず第一に、病院でスタッフを注意深く観察することです。スタッフ同士の会話をロビーで寝ているフリをしてでもいいので、傾聴してみるのです。スタッフが病院や医師に持っている不満がどの程度のものなのか、「プロの視点」からの情報は有用です。なにより、医療とはチームで行うものであり、設備、医師だけで判断しては絶対にダメなのです。

医療事務・会計や給食、清掃スタッフの対応やサービスがよいということは、当該部長のリーダーシップが強く発揮されている証拠。病院寝具、病院食、医療会計事務に外部から民間企業を積極的に採用し、かつ、その業者と医療チームの連携が円滑に進んでいるようであれば文句なしです。

特に病院食は、患者ごとにアレルギーがあったり、クスリの成分とバッティングするなど、業者との強い連携が必要になります。病院の組織が内向きだと、そのような煩わしい連携を新たにするよりも現状を維持してしまうもの。しかし、病院食がまずいと一気に入院生活が監獄へと変わると言っても過言ではありません。病院食の味は、患者にとっては非常に大きな問題です。こんなポイントからも、その病院のリーダーの指導力が測れるでしょう。

次に、いい医師の見分け方です。

まず、いい医師は、頼めばカルテのコピーを出してくれます。セカンドオピニオンを受ける際、医師が新たに診断書を書くのでは、腰の引けた情報しか書き込まれていないことも多いもの。しかし、病院の情報開示が、カルテをほかの医師に見せても大丈夫というぐらいのレベルであれば、まずは安心してもいいでしょう。本当のプロは自分の限界を知り、セカンドオピニオンの重要性を認識しているのです。

私が相談を受けるときも、診断書ではなく、できるかぎりカルテをもらえるよう交渉してもらいました。そのカルテをもとに、処置した件数の一番多い医師を探します。たとえば、白内障なら月二〇件は処置している人、などです。そして、医師にそのカルテごと渡すのです。私は「本当の名医」に出会えば出会うほど、テレビで名前が売れている、売れていないは全く関係ないことがわかりました。

患者の犯す間違いの一つに、死亡率が高い医者は避けるというものがあります。しかし、患者が絶対死なない病院は、頼りにならない病院であり、付き合っていくメリットはないのです。なぜなら患者が死なないということは、重度の患者を受け入れない施設であり、病状が手に負えないとなると別の病院を紹介されてしまうということ。毎日患者がバタバタ死んでいく病院こそが、本当は心強いのです。

一般の人は大学病院の表玄関しか知りませんが、病院の裏口にまわれば、次々と葬儀社のクルマがやってきます。もし霊安室が何室もあって、人でごった返している病院があるのなら、大事にしたほうがいいでしょう。それが、最先端の治療を行っている証拠になるのです。

さらに医師から「余命○カ月」と宣告を受けたとして、実際にその宣告どおりに死去するケースは稀です。余命○カ月を下回れば、「ヤブ医者」呼ばわりされることは間違いないし、○カ月以上生存すれば「名医」との評判になるからです。本当の「残された時間」を教えてほしいと願う人も多いでしょう。

謝礼は手術の前？ 何を信じるべきか

国立がん研究センターは、世界最先端のがん治療をする病院です。「死亡率の高い末期がん患者をいかに治療するか」を研究し続けているのです。築地にあるがん研究センター中央病院玄関には、小泉純一郎厚生大臣（当時）の書いた「国立がん研究センター」という表札がありました（プレジデントの連載でこのことを取り上げた途端にこの表札は撤去されてしまいましたが、怒る気にすらなりません。長妻昭厚生労働大臣の底の浅さを示すような全く大人気のないやり方です）。

岡光序治事務次官の不祥事を受け、当時の政府は一二の禁止項目を定めました。さらに小泉厚生大臣は、厚生省独自の案として、政府案より厳しい規定をつくりました。これら施策により、公務員が業者や個人などから接待や贈り物を受け取ることは全面的に禁止となったのです。

国立病院の医師は厚生労働省所管の公務員であり、この倫理規定によって、患者や出入りの業者から金品や贈答品を受け取ってはならないはずです。

しかし現実には、謝礼の習慣は根強く残っており、医療スタッフの控室は患者からのケーキやお菓子であふれかえっています。また、表に出ていないところで謝礼の受け渡しも行われています。「手術のあとに渡しても意味がない。どのタイミングで、どうやって、いくらぐらい渡したらいいか」と相談されることもあります。しかし、この質問は全くナンセンスなものだと私は考えます。そもそも、医師に心づけは必要ないのです。

そのうえで、皆さんにも考えていただきたいのは、一人の主治医に手術前に心づけを渡すことに危険を感じないのか、ということです。

何度も繰り返すように、医療とはチームで行うものです。主治医、担当医、看護チーム、すべてへの配慮が必要なのです。自分の観察が足りず、渡す相手をちょっとでも間違えると「あの人はもらっていたのに、私はもらえていない」と妬む人が出てくる可能性があります。私はむしろ、その妬みに危険を感じます。手術中にいがみ合いに巻き込まれるのは避けたほうがいいでしょう。

また、手術前に心づけを渡したとして、失敗するかもしれない手術を前にして心づけを受け取るような医師は、判断能力が決定的に欠如しています。そのような医師に医療チームを率いる技量はありません。

有明のがん研究会病院では、「謝礼を受け取らない」ことを示すとともに「難病対策医療研究への募金」をしています。あらゆる患者が疑心暗鬼に陥ることを理解すれば、この問題の責任は病院側にあることがわかります。徹底的な意識改革が必要でしょう。

マンション、土地……悪徳業者のウソを見抜くコツ

街はどうして交互に発展するか

一九七二年に小泉純一郎代議士の秘書となってからは、都内や神奈川はもちろん首都圏の各地を訪れる機会もグンと増えました。

私は上野、巣鴨、錦糸町、国分寺、三鷹、武蔵境、蒲田、そして、現在の千葉の自宅に至るまで、東京都内や近郊のさまざまな街に住んできました。

通勤途中、いろいろな人の顔や姿を見ては、彼らがどんな生活をしているのか、どんなことを考えているのか、ちょっとした手がかりの中から類推しようとジッと観察を続けてきました。

電車の窓から見える景色も同じことです。この街にはどんな人が住み、どのように発展していくか。通勤は、固くなった思考を解きほぐす「頭の体操」にはもってこいの時間です。駅周辺への本社進出や営業所、支店設置などを考えている企業にとって、場所の選択、つまり立地は企業の生き残りや長期戦略にも関わるはず。通勤時間から

ビジネスははじまっているのです。携帯電話をいじくっている場合ではありません。駅周辺の街の発展について、注意深く観察していれば、不思議なことに気づきます。線路を挟んでの両サイドが、均衡することはまずありません。どちらかの側の街が発展し、一〇〜二〇年の長い期間を経て、反対側が開発されていくことになります。

いままで、JR総武線の錦糸町は南側、亀戸は北側が栄えていました。バスターミナルや銀行があることを見ても一目瞭然です。ところが近年になって再開発が進み、駅の反対側が栄えるようになっています。この両駅にとどまらず、どんな駅であっても同じことが言えます。現在は賑やかな駅前の一等地だからと進出しても、将来、街の中核が駅の反対側に移ってしまえば大きな損失となるでしょう。個人がマンションを選ぶ場合も同じことです。さらに面白いのは、全く関係のないはずの隣り合わせの駅同士で、街並みの発展が連携しているようにも解釈できることです。

先ほどの錦糸町、亀戸の例にも当てはまりますが、長期的に見ると、街は一駅ごとに反対側が発展しています。東京の中心部から千葉県に延びる総武線。秋葉原を起点と考えると、次の浅草橋から（電車の進行に沿って駅の）左側→右側→左側→右側→左側……と、街としてより賑やかに発展する側が、駅を挟んでなぜか交互になっているのです。

浅草橋は駅の北側（進行左側）、次の両国は駅の南側（右側）、次の錦糸町は、北側（左側）が急速に発展しています。亀戸、平井、新小岩、小岩……等々。

これはほんの一例ですが、たとえある時期、左─右─右─右となっていても、中長期的に見ると必ず間に挟まれた駅の街並みに変化が起こり、結局、左─右─左─右……と交互発展の形に変わるケースが多いのです。

都心から郊外に向かうほかのJR線についても同じことが言えます。たとえば、品川から神奈川に向かう京浜東北線も、大井町（右）→大森（左）→蒲田（右）→川崎（左）→鶴見（右）……。新宿から立川方面に向かう中央線の場合も同様です。

どちら側が発展しているのか、判定しにくいところもあります。しかし基本的には、どの路線でも中長期的に見れば「左右交互」に街が栄えているように見えるのは不思議ですね。

もし私が不動産ビジネスに助言をするのなら、長期的に見て、現在は栄えていない駅の反対側で、さらに、交互に発展しているという規則性から外れてしまっている駅。つまり、右→右→右と並んでいる駅の「左」側（逆でも可）に投資をしてみては、と言うでしょう。今後、大きな発展が期待できます。首都圏にいくつかその候補がありますので、地図帳を広げ、皆さんの手で探してみてください。

地震で自宅倒壊を防ぐ手立て

私自身の不動産選びには、チェックすべきポイントが三つあります。

まずコインパーキング。投資目的も兼ねて住宅を購入するのなら、周辺にコインパーキングがある地域がいいでしょう。多くの人間が生活している証拠です。少なくともコインパーキングの業者はそう判断している。逆に、土地が駐車場にならずに放っておかれているのであれば、近隣に活気がないということ。街の発展は期待できませんが、静かに暮らしていきたいのであれば、むしろそんな場所を選んでもいいかもしれません。

次に「古い神社・仏閣を探せ」というものです。一生続くような住宅ローンを背負って家を買ったはいいが、地震で壊滅……では、泣くに泣けません。

京都や奈良には、何百年も前から立っているような古い建物がたくさんあります。そのことが示しているのは、そこが大きな地震に遭わなかった、あるいは地震があっても倒壊せずに長い歴史を受け継いできた強い地盤があるということ。

この原則を、自分の土地探しにも当てはめればいいのです。具体的に言えば、買おうと思っている物件から半径一キロ以内に、神社・仏閣があるかどうか、それを確認せよということです。どんな街でも、神社・仏閣が、たいていはその土地で一番歴史が古いもの。しかも、由緒や変遷が記録として残っています。境内の碑に文字として刻まれていることも少なくないでしょう。それを材料にお寺や神社などの歴史を調べてみれば、建物の創建年度や、災害に遭って建て替えた歴史などが一目瞭然。何百年も前に建ったものなら、ずっと地震もなかったか、地震が起きても安全な土地だとなるわけです。同じことが墓石にも言えます。

チラシを見るだけで悪徳業者を見分ける

最後のチェックポイントは、ズバリ悪徳業者の見抜き方です。

不動産の新聞広告には必ず「建築確認番号」を、つまり、「第○○○番（平成○年○月○日）」と、記載することになっています。全国紙の広告は、数カ月前からスペースをとらなくてはなりません。通常、開発業者は莫大な費用をかけるのですから、番号も前もって取得し、万全の準備をしています。

ところが、その建築確認番号記載の日付が、広告掲載日の二日前になっていたとしたら。これは何を示しているのでしょうか。おそらく、その開発業者と行政との間に何らかのトラブルが起きて、広告掲載のギリギリのタイミングまで番号がもらえなかったのではないか。実際にどんなやりとりがあったのか、考えてみなくてはいけません。

たとえば、団地を造成するとき、住民が等しく避難するための空き地や公園をつくることが、法令によって定められています。四角い区画であれば、対角線のちょうど真ん中あたり。L字型の区画であれば、「│」「─」部分の真ん中にそれぞれ一箇所ずつ必要です。他方、開発業者にしてみれば、法令など守らず、不便だったり、陽の当たりにくい北側の斜面などを空き地や公園にしたほうが儲かります。

もし、団地の見取り図がDMや折り込みチラシに入っていたら、建築確認番号と合わせて確認したほうがいい。あまりにおかしな場所に公園があったら、私なら、何らかの誤魔化しがあると考えます。官僚なり、政治家によって法の運用が捻じ曲げられている可能性がある。

悪事の明確な証拠はないかもしれません。しかし、不動産というものは決して安くない買い物です。徹底的に疑念を取り払ってから購入しても、遅くはないのです。業者にこれらの疑問をぶつけて、悪質な犯罪の匂いをかぎつけたら、捜査二課（警察組織で詐欺などの知能犯を担当する部署）の出動です。

「仕送り、ケータイ、喫煙」情報管理の心理学

真冬の試験期間に自宅の電気代が上がらない娘

重要な情報というものは「これが重要な情報です」とわかりやすい顔をしてやってきません。気をつけていなければ、重大な情報が意味のない事実として目の前を通り過ぎてしまう。たとえば、東京のワンルームマンションで生活をする自分の娘が、いまどのような生活を送っているか。遠く離れた実家から推測することができるでしょうか。

娘の使う水光熱費は一つの手がかりです。子供に仕送りをしている親御さんならば、水光熱費を負担していることも多いでしょう。毎月口座から引き落とされる額はすぐわかるはず。真冬の最中、期末試験の時期に電気代がいつもと全く変わらない。ここで「電気代が変わらない」ことが非常に大きな意味を持つことに、気づくことができるでしょうか。

暖房もつけず、どこで何をしているのだろう、と。少なくとも家で勉強していない

ことは推測できます。

さらに水道代が倍かかるようになったら、娘とは別に、誰かがその部屋で生活をしている可能性が高い。水道の使用量は住んでいる人間の数に比例していくものです。以上のような情報を踏まえて娘と接すれば、親としての責務も十分に果たせるのではないでしょうか。

断片的な情報からいかに全体を描くことができるか。情報を取り扱う人間の分析能力が問われるところです。また、相手の人物を判断するときには、自分よりシビアな眼力を持つ他人を利用するという手もあります。

営業の相手先でずいぶんと羽振りのいい振る舞いをする人間に出会ったとします。ただ彼に全幅の信頼を置いていいものか困っている。

ずっと高級車に乗って移動していると話す割に、彼の足元を見ると靴底がずいぶん磨り減っている。

何かがおかしい。

言っていることと振る舞いが一致しているかどうかは、信頼づくりのもっとも基本的なことです。

そういうときは、その相手がよく行くという女性のいるクラブに一緒に行ってみることです。

そこで相手が入れているボトルをチェックしてみるのもいいかもしれません。もしその店が彼を〝上客〟と見なしているならば、店のママやオーナーレベルの応対をしているはず。もし店も彼を疑っているのなら、雇っているホステスをあてがっているのではないでしょうか。ホステスであれば、彼が飲み食いしたものを踏み倒してしまっても大丈夫。代金を回収する責任はそのホステスにあり、店は場を貸しているだけになります。逆に彼を店が信用しているのならば、間違っても〝上客〟である彼をホステスに回すことなく、自分の客にするに決まっています。

キープしているボトルの名前が誰によって書かれているか。店のママなのか、ホステスなのか、チラッと覗き見てみれば判断できるはずです。

小泉純一郎元総理はなぜ携帯電話を使わないのか

いかに情報を得るのに腐心するか、という問題とは逆に、経営トップたるもの、情報の漏洩に気をつけなければなりません。

組織のリーダーと二人だけで会食した部下がいたとします。リーダーはそのとき自分が話したことは、なんらかの形で表に出ることを前提に、話をしなくてはなりません。しかも、話した相手に都合のいいように脚色された形で。「実は俺、人事部長に飯を食おうと誘われてね。そのとき、総務課の○○が仕事をしなくて困るなんてことを言ってたよ、ワッハハハ」と、部下は権力者を笠に着て振る舞いたくて仕方がないはずです。

同僚にしてみれば、彼が人事部長と実際にどんな会話をしたのか、たしかめようがありません。密談は自分の存在価値を高め、自分を偉く見せるための絶好の機会です。会食の話で言えば「これはヤバい情報だから他言してもらっては困る」「絶対秘密だけど……」などと念を押した話ほど、それを聞いた人間の自慢話となり、漏れやすくなることにも注意をしなければなりません。裏を返せば公にはできないことを、組織全体に広める「魔法の言葉」でもあるわけです。

伝えたい情報を話す前にさりげなく「君ね、これはここだけの話にしてくれよ」と付け加えてみましょう。絶対秘密のはずの情報は、会談の相手の口から、瞬く間に広まっていくに違いありません。

リーダーは、自分が現在座っているポジションが、普通の人々は滅多に会いにこられない地位であるということを自覚する必要があります。自分と会ったこと、自分の語った言葉は、会談相手によって自己顕示の材料として利用される恐れが常にあると心しなければならないのです。

二人だけの密談と全く同じことが携帯電話にも言えます。

小泉元総理は任期中、一切携帯電話を使いませんでした。官邸内の四人の事務秘書官、五人の内閣参事官、そして私の合計一〇人を完全に信頼していたからです。

反対に、安倍・福田両元総理は携帯電話を頻繁に使っていたようです。人を介すような面倒なことをせず、直接話せば物事がスムーズに進むと考えたのでしょうが、大間違いです。安全保障上の問題もさることながら、全容を把握できない周囲がますます疑心暗鬼に陥り、上げるべき情報を隠すようになるのです。先に述べた密談同様に、電話がかかってきた相手は話をどこまでも大きく吹聴することも可能です。

これは企業においても全く同じだと思います。役員室や秘書室においては情報のやりとりは原則公開とし、情報の共有を図る。それでいて決して重要情報が外部には漏れない体制。それこそが強い組織だと、私は自身の経験からそう考えています。

タバコを吸った人だけが見ることのできる世界

情報収集の観点から考えれば、喫煙こそがもっとも大事なインテリジェンス活動に思えてなりません。愛煙家は社会で目の敵にされていますが、私の生活にタバコは欠かせません。現代の社会を覆う嫌煙ムードは、少々行きすぎの部分があります。企業や役所でも愛煙家たちは狭い喫煙室に追いやられています。昔なら自分のデスクで平気でタバコを吸えたのが、現在では吸いたくなったら喫煙室へ。それは新入社員であろうと女性であろうと、部長や取締役であろうと変わりありません。肩書・役職に関係なく人が集まる喫煙室。

実はその点にこそ、私が「喫煙が大事」という意味があるのです。昔は「給湯室や更衣室の女の子に気をつけろ」と言われたものです。さまざまな部署から集まってきて、女性が雑談を交わす場だからです。無意識なお喋りのなかに、他部署の秘密や社内の重要情報が交じっていたりしたのです。

役職に関わりなく人が集まる喫煙室こそ、情報が洩れたり伝播したりする情報の吹き溜まり。ここでは、入社早々の新入社員が、タバコを吸わない重役がまだ知らない最新情報を耳にしている可能性さえあるのです。あるいは、喫煙室でたまたま顔を合わせた部長同士の一服の間の会話で、重要事項が事実上決まることもあるでしょう。

私は、ゴールデンバットを学生の頃から愛飲しています。言っては悪いけど、他の銘柄にはガツンとした濃厚な味わいがない。

タバコを吸わず、うわべだけの情報で満足して、健康で平和な生活を送る人がいてもいい。何も知らない分、幸せかもしれません。

Column
貴乃花親方の理事当選と角栄が詠んだ歌

小泉総理「痛みに耐えてよく頑張った、感動した」

私と貴乃花親方との付き合いは、かれこれ一〇年。総理秘書官になる以前から現在に至るまで、ずっと親しくさせていただいています。

読者の記憶に強く印象に残っているのは、貴乃花親方がケガを抱えながら優勝した平成一三年の夏場所ではないでしょうか。

「痛みに耐えてよく頑張った、感動した、おめでとう」

と、小泉純一郎総理（当時）が総理大臣杯を渡したシーンは、いまでも私の目に焼きついています。

大相撲の東京場所の千秋楽が終わると、都内のホテルで貴乃花部屋の打ち上げが行われます。かぎられた人しか招待されない内々の会ですが、私は出席するたびに挨拶をさせていただく栄誉に浴しています。

ともすると、怪しげな取り巻きばかりが目立つ相撲界のパーティー。どう考えても堅気とは思えないブローカー、銀座のクラブの女性なども散見されますが、貴乃花部屋にあってはそのような雰囲気はありません。変な空気を出しているのは私ぐらいのものだと深く反省して（苦笑）、招かれたときは小さくなることにしています。

貴乃花親方が日本相撲協会の理事選挙に出馬し、見事に当選を果たしました。これは選挙のプロの目から見ても神がかりに近いことです。

まず構造的な問題として、この理事選挙は利害関係が強く反映される選挙で、本来であれば浮動票の生まれる余地がありません。相撲部屋の親方になるためには、一説に二億〜三億円で取引されるという「年寄株」を購入するか、借りなくてはなりません。今回の理事選挙で、自分の一門を裏切り、貴乃花親方に票を入れた安治川親方は、年寄株を借りている身分です。よって一門への裏切りは、即刻廃業を意味していました。

現実にはマスコミ、世論の反発もあり、辞任を撤回しましたが、年寄株を貸している人物が「絶対に許さない」と発言していることを考えても、ほとぼりが冷めたころに廃業に追い込まれる可能性はまだ十分にあります。

一門を裏切って貴乃花親方に投票した人物はほかにもいます。自分が犯人にされた瞬間に、自分のキャリアが終わってしまうのですから、いまだに一門内で疑心暗鬼になっているのでしょう。それは行司であろうと例外ではありません。

何が彼らに、自分の一生を台無しにする投票行動をさせたのでしょうか。私は貴乃花親方の強い信念と、奥様の景子さんの内助の功にあるのだと思います。

貴乃花親方は、恵まれた環境に育ったはずです。父親は大関、周囲も彼をチヤホヤして育てたことでしょう。御曹司がドラ息子になってしまう悲しい例を、政界を問わず、嫌というほど私は見せられてきました。しかし、彼は違いました。

まず驚いたのは、父親の使っていた背広を、袖を調整して使っていると見聞きしたときです。貴乃花親方は多くを語りませんが、私たちの想像を絶するぐらい質素な生活をしています。

また、感心したのは貴乃花親方が、お茶屋制度の改革も提唱したことです。相撲におけるお茶屋制度は既得権益の塊のようなもので、猛烈な反発が予想されます。相撲協会の収入は、国技館などの入場料、升席の代金が大部分を占めているのです。お茶屋は、チケットを相撲協会に代わって販売し、チケットの手数料や、升席での飲食代などで収益を得ています。空席が目立つときであっても、お茶屋は相撲協会に一定のお金を支払っており、相撲協会にとって安定的な財源となっています。

しかし、これが既得権益化しているのも事実です。相撲ファンがチケットを入手する経路がオープンにされないため、一般客が良席をとることは現実的に不可能になっているのです。

貴乃花親方は、相撲ファンであれば誰もが嘆いていることを、愚直に実行しようとしています。貴乃花部屋から横綱を輩出するときが、国技復活の日でしょう。

田中角栄直筆　リーダーの心得

復活といえば、私がおおいに復活させてほしいのが、地方巡業です。

私が小学生の頃、故郷・辰野町で大相撲の巡業がありました。鏡里（第四二代横綱）や吉葉山（第四三代横綱）が活躍していた時代です。町中を挙げて、お祭りのような騒ぎになりました。みんな貧乏なのに、見栄だけはあります。畳替えにはじまり、ふすま替え、炊き出しなど、その様は天皇陛下の巡幸のようでした。地元の名士、地主、金持ちは競い合うように人気力士を自宅へ招待したものです。

自分では何もしないくせに、家々を覗いては、用意している品を順々に見比べて「あの家は数の子を出したのに、こちらの家はサンマか」などと余計なことをいう不逞《ふてい》の輩もいました（そもそも数の子は、いまほど高級ではありませんでした）。巡業に参加した一〇〇人の力士たちは、一〇〇〇人分の食事をします。酒屋、八百屋、魚屋、農協を中心に町はまさしくバブルのようでした。

そんな出来事をいまでも昨日のことのように思い出します。きっとほかの巡業先でも同じようなことが起きていたのでしょう。巡業には三つの利点があります。まず、相撲ファンが増えます。第二に地域でのスポーツ振興への理解が進みます。そして、地元が競って力士を接待することから、協会の負担が減るのです。ぜひ相撲協会は、地方巡業の機会を増やしてほしいと思います。そうすれば、私のような一生ものの強烈な大相撲ファンが誕生することでしょう。

貴乃花親方を語るうえで、忘れてはならないのは、内助の功、妻・景子さんの存在です。民放テレビのアナウンサーとして、どうしても容姿や美貌ばかりが注目されてしまいますが、彼女の気配りには、秘書の世界で生きてきた私でさえも舌を巻きます。来客への目配り、弟子への接し方など、どれをとっても完璧。時間を見つけては、来客を出口まで見送り、頭を垂れる。豪華ではなくても、小さなお菓子をそっと手渡す――。この積み重ねこそが、貴乃花部屋の活気を生み出しているのです。

実は、貴乃花親方の「相撲界を浄化し、若い青少年をリードしていきたい」という情熱を国政で活かせないものかと真剣に検討していたこともありました。二〇〇四年の参議院議員選挙の比例区で、です。国会議員であれば、親方を務めながら職務を遂行することもできます。相撲界だけでなく、日本のスポーツ界全体に貴乃花親方の信念を広めたかったのです。

本人とも相談し、うまくまとまりかけていたのですが、結果として政治を離れたところで相撲改革にまい進していただくことになりました。今回の理事当選を考えれば、正しい判断であったと思います。

今回の理事選の前に、貴乃花親方に託した歌がありました。この歌は、田中角栄氏が総理大臣に就任したときに、直筆でいただいたものです。

「末ついに海となるべき山水もしばし木の葉の下くぐるなり」

いつかは大成するとしても、その前には、さまざまな障壁が立ちはだかることでしょう。絶対的少数の立場にあって、決定には従うが、自分は決してブレない。大きな時流には逆らえないとしても、風穴を開けることはできるのです。

貴乃花親方と国技大相撲の弥栄《いやさか》を心から祈念したい。

第二章

政治編「永田町でつかむ権力の真髄」

ベッド、シャワー、喫煙……総理が使う政府専用機の解剖図

信号の色を変える警察の手品とは

よくテレビなどで、天皇陛下や総理大臣が外遊に出るときに、手を振りながら政府専用機へ乗り込むシーンが報道されています。

総理大臣はどのようにして外国へ旅立つのでしょうか。

旅程は、クルマで羽田空港へ行き、外遊を終えると羽田空港に戻り、クルマで帰るというものです。

通常、天皇陛下や総理、国賓のクルマが道を走るとき、道路のすべての信号は手品のように「青」になります。隣接する道路はすべて「赤」。

その手品の使い手は警察です。公務に支障が起きないようにするためです。

過去には、ある総理が公邸を使わずに東京の主要幹線道路を横断する通勤を毎朝していたため、大渋滞になってしまったこともありました。

小泉純一郎元総理は、仮公邸（五反田）、公邸（官邸横）を使っていたことに加え、

外遊に向かうとき以外は「手品」を使わないようにしました。その点、国民生活に配慮したのです。

ただし、外遊先での案件がスムーズに行くよう「験担《げんかつ》ぎ」の意味も込めて、羽田空港へ行くときだけは、慣例どおり「手品」を使いました。ですので、官邸からの外遊は文字どおりの直行となるわけです。

政府専用機は、航空自衛隊所属の飛行機で「特別航空輸送隊」（特輸隊）が運航を管理しています。総理の外遊のないときには、北海道の航空自衛隊千歳基地で整備され、待機しています。

また、過去に一度も首脳（天皇陛下や首相）が訪問したことがない国に行く場合には、事前に使用予定の空港に行って、実際の政府専用機が離着陸の〝予行演習〟を行っています。危機管理上必要だからです。たとえば、南米などには地盤の弱い空港もあり、ジャンボ機の燃料を満タンにしてしまうと重すぎて飛び立てないことがあります。それを防ぐためには、「カナダのバンクーバーを経由して、現地での補給は航続距離分ギリギリだけで済ませる」というような事前の計画づくりが重要になります。その計画の立案には、実際の航空機でテストするのが一番なのです。

政府専用機で首相の過ごすスペースには、イスと机に加え、ベッドやシャワールームも付いています。官房副長官（初外遊のときは安倍晋三議員）も個室を与えられました（シャワーはなし）。秘書官以下は、普通のビジネスクラス程度のイスで過ごします。

われわれ官邸秘書官席のテーブルには、電話やFAXが設置されています。音質はとてもクリアです。国内に連絡を取る必要が生じて電話するとき、「政府専用機からなんだけど……」と切り出すと、相手はたいていびっくりしていました。

キャビンアテンダントは自衛官だった。しかし……

機内食は自衛隊食と同じで、エコノミー並みです。幕の内弁当のようなものが出てきます。飲み物も、種類はあまりありませんでした。お弁当だけではどうにもおなかがすいてしまうときもあります。そんなときは、ミニサイズのカップラーメンを食べることになります。

同行する記者は毎回約三〇〜五〇人です。税金で運航している飛行機ですから、タダでは乗せません。通常の航空料金等から概算して、ちゃんと料金を徴収しています。高い料金を払いながら質素な食事なのですから、ある意味、記者も気の毒です。羽田空港を飛び立ったあと、水平飛行になったタイミングで、機内では首相が後ろのほうの記者室まで出向き、外遊の主旨や抱負を語るのです（途中から空港や官邸での会見に切り替え）。

同行記者団は、首相や随行団のいる前方のスペースに立ち入ることは許されていません。

政府専用機の乗組員は全員が自衛官です。機長や通信、整備関係などの自衛官スタッフはみな二階にいます。キャビンアテンダントも階級章を着けた女性自衛官ですから、民間航空機のような雰囲気とはいきません。

ただし、喫煙が許されていました。いまや民間航空機は全面禁煙となってしまいましたので、ヘビースモーカーの私にとって、政府専用機はありがたい存在でした。

会議室の収容能力は二〇人程度。関係各省庁の幹部（総勢約三〇人）の座席が会議室の隣の部屋にありました。

実は、政府専用機は二機あります。外遊の際には、常に二機連れ立って飛んでいることはあまり知られていません。

私はそれぞれ「（エア）フォース・ワン」「フォース・ツー」と呼んでいました。フォース・ワンには、先述したように、総理以下、官邸スタッフ、官僚、記者が乗り込みます。

一方、フォース・ツーは誰も乗せずに空っぽで飛びます。なぜなら、フォース・ツーは、フォース・ワンに万一の事故があったときに急遽乗り換えるための予備機だからです。フォース・ワンとは時間を少しずらせてあとを追うように飛ぶのです。

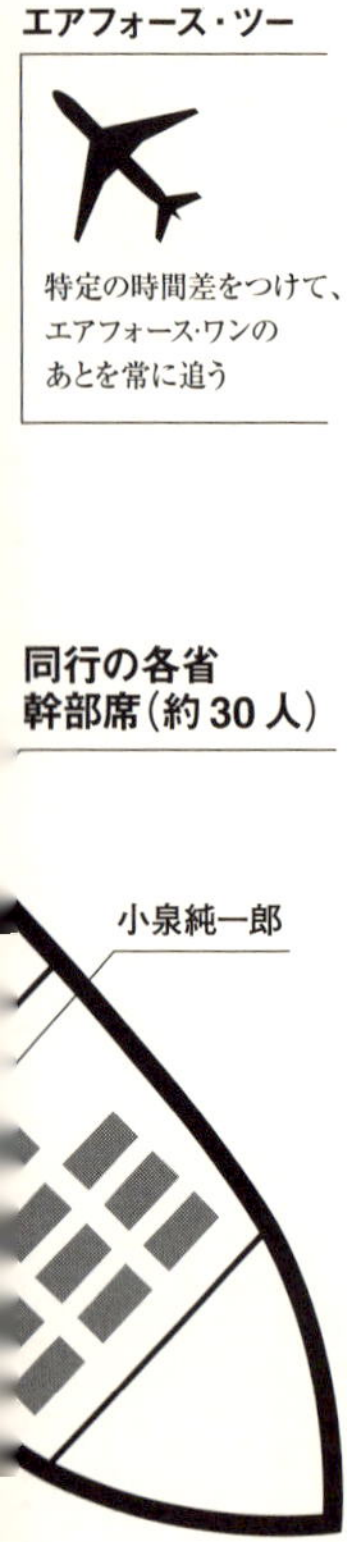
エアフォース・ツー
特定の時間差をつけて、
エアフォース･ワンの
あとを常に追う
同行の各省
幹部席（約30人）
小泉純一郎

総理室（天皇陛下）
シャワー・トイレ
ベッド・机・イス
官房副長官室（皇后陛下）
トイレ
ベッド・机・イス
参事官２人
秘書官３人
机（電話とFAX付き
会議室
飯島 勲
日の丸
エアフォース・ワン
（政府専用機）の
全貌！
同行記者室
兼 会見室
総理会見を開く
●機長室は２階
●座席は民間航空会社の
ビジネスクラス程度
●現在とは異なる

いつもは空っぽのフォース・ツーが活躍したのは一度だけです。二〇〇四年五月二二日、北朝鮮から帰国したとき、拉致被害者が乗ったのです。

私は、機内の電話・FAXを活用し、帰国後のスケジュールや準備のすべてを機内で整えながら帰国しました。普段は、束の間の休息となることも多いフライト時間ですが、このときばかりは休めません。

フォース・ワンとフォース・ツーは、午後九時過ぎに羽田空港に到着。ただちに、家族会の待つ赤坂プリンスホテルへ向かいました。このあとは、皆さんご承知のとおり。テレビカメラも入り、小泉元総理は時間無制限で家族会への報告を行ったのです。

政治家の口利きと公共事業の闇を暴く

私は知っていた。西松建設、黒い献金

二〇〇九年一月二六日、私は都内のある場所で講演をしました。「数カ月後に、西松建設の政治献金が問題化する」と。講演を聞いた人々は、後日新聞を読んでびっくりしたかもしれません。

西松建設は、岩手県や宮城県における過去のダム工事で、共同企業体の一員として一〇〇億円ほどの工事を受注していますが、会社規模や営業活動から見て、疑問を感じていました。小沢一郎氏への献金も突出している。

政党助成金制度ができたとはいえ、企業からの政治献金なしに通常の政治活動を行うことは不可能です。政治献金のなかには、志ある政治家に日本の未来を託すべく、純粋な気持ちから行う「浄財」もあれば、さまざまな思惑が絡んだものもあります。見返りを期待しての、いわゆる口利きとは別に「口止め」とも言うべき種類の献金もあります。

鳩山邦夫元総務大臣の「かんぽの宿」「中央郵便局」などにみられるクレームで、日本郵政グループの業務は事実上止まってしまっています。このような政治家からのクレームや批判を受けるのを避けるべく、与野党問わずカネをばら撒く企業があるのです。一〇万、二〇万単位で少額の献金を引き受けたり、パーティ券を買うのです。

この議員は受注のために口利きしてもらうという方向で役立つ存在ではないが、敵に回して、施工の段階で「景観に配慮して工事を中止すべし」と騒がれたら面倒なことになる――と考えたとしましょう。企業にとっては、「この件で横から口は出さずに、黙っていてください」という含みを持たせた「保険」としての付き合いです。ですから、野党議員にも献金が渡ります。ビルの基礎工事で掘り出した土をダンプで運びはじめたら、建設反対の住民運動が起きた……などということは、よくある話。献金ではありませんが、野党組織に属している業者を工事に使って反対しにくくさせることもあるのです。

では、何千万円という見返りが得られる「口利き」は実際どのように行われるのか。

公共事業の場合、計画がはじまってから実際の入札・落札という段階までには二〜三年の時間を要します。まず事業が企画され、具体的に案件化され、それに対する施策根拠や予算づくりが行われ、予算計上に至る。その工事への予算の貼り付けがあってから、現場説明や図面づくりがはじまり、それが進むなかで事業費や事務経費が割り出され、やがて建設会社に発注するということになります。

その経過のなかで、建設会社の営業マンは、最初に事業が起案された段階からすでに営業活動に入ります。名刺配りと称して、関係各所に挨拶回りをして歩くのです。一度や二度では名前を覚えてもらえない名刺配りでも、四回目ともなればさすがに覚えてもらえる。入札の段階で、いきなり多くの建設会社がその工事に群がって競争を展開するわけではなく、同業二〇～三〇社のあいだで二～三年スパンの長い競争が行われているのです。

「A社がリードしているな。あの会社の鈴木部長すごいなあ。熱心だなあ。役所に毎日通っているぞ」「二番手につけているのは、大手で信用のあるB社だろう」「次は……」と、互いの営業活動の優劣は、官庁内でも業界内でも見えてきます。やがて、A社かB社で決まっても当然という空気ができあがっていくのです。

ところが、ここで急にX社が登場してきます。入札までの二年間、一切の営業活動をせず、会社の規模も小さく、信用のないX社は、政治家に「口利き」を依頼しました。莫大な資金を積まれて心が動いた政治家は、発注側に命じて、X社にも入札ができるよう入札条件を緩和します。さらには、入札金額等も教えるよう命じるのです。

そして入札。逆転勝利――。

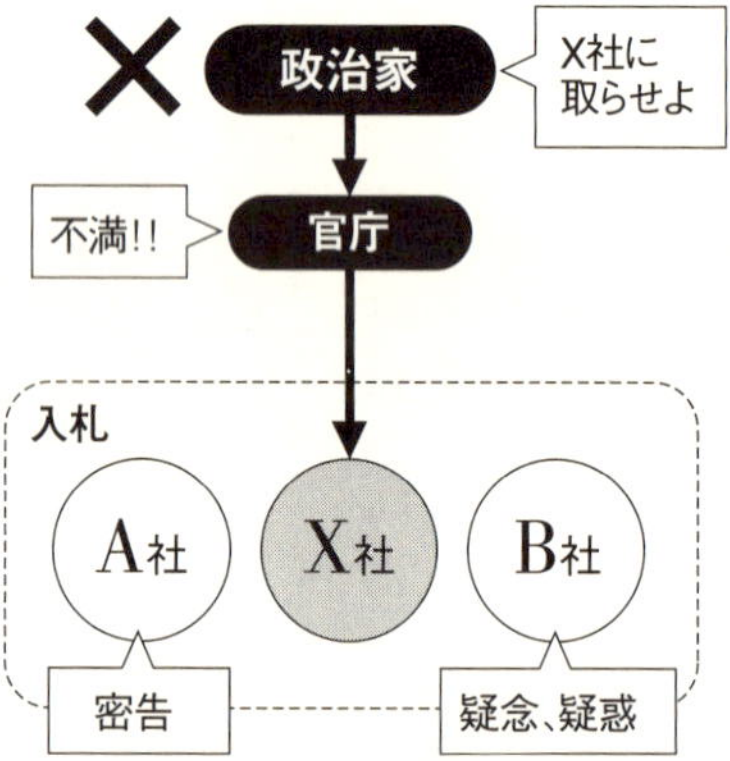

業界に横槍を入れる口利きはいずれ発覚し破綻。

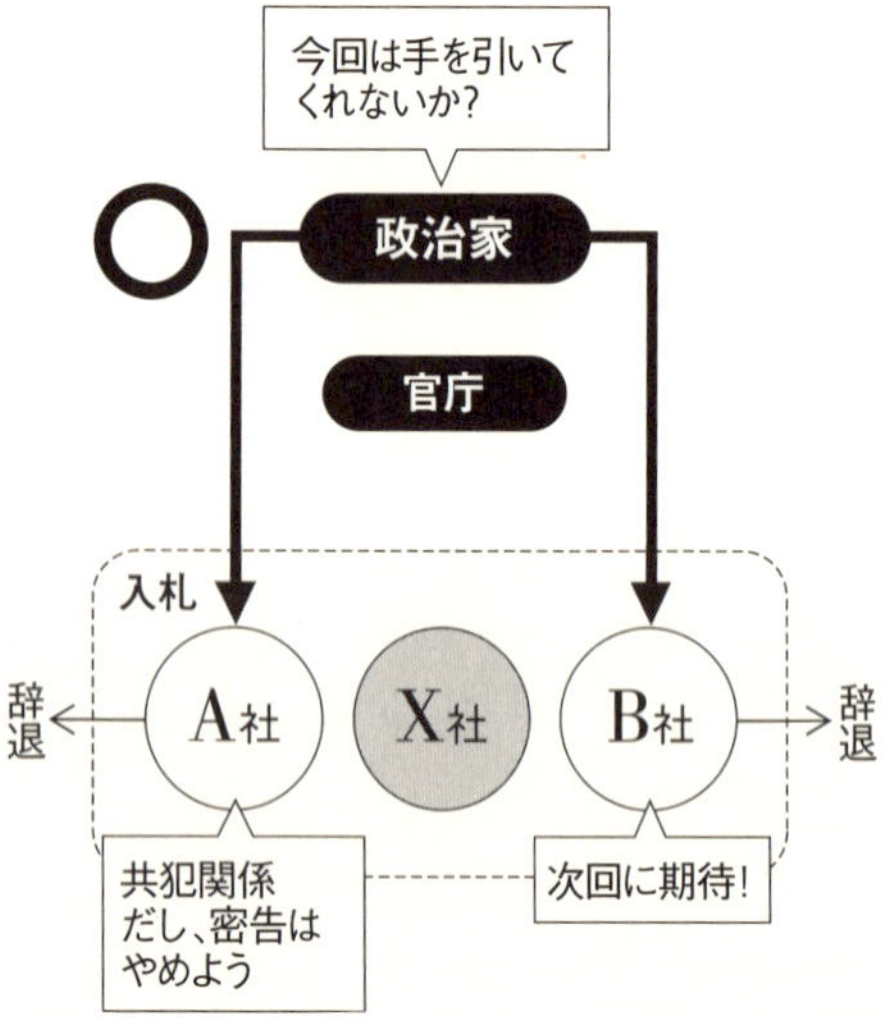

競争を展開してきた同業者たちの目には、X社の落札は当然「おかしい」とうつります。恨みも買う。口利きを実行させられる官僚にとっても気分がいいものではありません。

うまい「口の利き方」がないわけではない

あまりの横暴を腹に据えかねた一人の密告が、検察の耳に届けばやがて事件として表面化してしまいます。

建築土木関係の会社が公共事業を受注するのに、政治家の口利きに頼るというのは実際にある話です。政治家に裏からカネを渡し、その口利きによって工事を受注する。しかし、当事者同士しかわからないはずの裏の話が、どうして露見するのか。それは以上のような構図によって起こるのです。

業界の常識から離れた入札が永続することはありません。私は、こうした入札に関する「口利き」は、どんな形であれ必ず露呈してしまうと考えています。ただ「うまい口利き」のやり方が全くないわけではない。

先に述べた公共事業の入札であれば、政治家が、A社、B社の幹部に直接電話を入れます。「今回の公共事業だが、入札参加をやめてもらえないか」と。あとで違った形でお世話になることを確信した両社は、嫌がらせを受けたくないこともあって、入札から手を引きます。すると自動的に、後れを取っていたX社が受注することになります。この場合、入札自体は公正に行われ、官僚に負担をかけることもありません。なによりA社、B社、X社も政治家と「共通の利害関係のある共犯関係」となり、長い蜜月の状態になります。また、すべての企業が、蜜月からこぼれ落ちないように気をつけていれば、検察への密告もおおむね防ぐことができます。ただし、あくまでこれは「おおむね」です。悪事はいつかバレるのです。

政治献金の３分類

浄財

志ある政治家を
支える意志のもとの
献金。金額もさまざま。
政治家は、なるべく
多くを浄財として
集めたいが、
難しい現状もある。

口止め献金

特に何か頼みごとを
するわけではないが、
与野党問わず不特定
多数に少額（10万〜
20万円）の献金を
ばら撒く。批判的な
言辞を未然に防ぐ。

口利き献金

見返りを期待して、
表裏あらゆるやり方で
政治家にカネを渡す。
時に数千万〜数億円
にものぼる。金額が
突出するので
露見しやすい。

選挙が一〇倍面白くなる「当落予想」の裏を読む方法

「猛追している」では当選は不可能？

選挙のプロは、報道から何を読み取り、どう利用するのか。新聞の選挙情勢記事を注意深く読むと、次のような見出しや記事を目にします。

「A氏とB氏が横一線で並んでいる」

この文章の実際の意味は「両氏はほぼ同じ支持を得ているが、誤差の範囲内でA氏が優位に立っている」ということです。

「A氏に勢い、B氏猛追」

これはどうでしょう。この場合の猛追とは何か。日本語の語感としては「もの凄い勢いで追い上げている」「このままいけば追いつくかもしれない」と受け止められがちですが、実際には、当選はかなり難しいということです。ライバルAとは相当な距離があり、猛烈な勢いで追う必要があるということ。あるいは当選ラインにはほど遠い地点で、猛烈な勢いで運動を展開しているということです。「支持広がる」は、所属政党など本来の支持基盤はほぼ固めきり、他の政党支持層にまで支持が広がっているということ。

「独自の戦い」とは、いわゆる泡沫候補や、自民対民主（現・民進党）一騎打ちの谷間で、ごく少数の得票しか見込めない問題外の候補などの場合です。「当選は無理」とは書けないので、こういう表現になるわけです。

次の場合はどうでしょう。見出しに「A氏とB氏が横一線。C氏苦戦」と書いてあるのに、本文にはBACの順で名前が登場し、内容的にもその順に優勢という記事になっているようなケースです。これは、本社の調査データのままなら見出しのようにABCの順に優勢なのだが、地元の細かい事情を加味した支局の情勢分析ではBACの順だということ。正式にサンプル調査した結果は恣意的に歪めずデータどおり提示するのが前提なので、見出しではそれを記し、文章で調整しているわけです。いずれにしろAとBが大接戦であることは間違いありません。

選挙情勢調査は、大きく分けて二つの方法があります。

一つは、コンピュータで無作為に抽出して自動的に電話するRDD（ランダム・デジット・ダイヤリング）法と呼ばれているものです。朝日新聞、読売新聞、日本経済新聞やNHKに加え、自民党、民主党が行っています。

コンピュータが自動的に電話をし、自動音声でアンケートをとるものです。携帯電話が普及し、一般家庭で電話がなくなってきたこともあり、最近になって精度が疑問視されることもあるようです。

また、朝日がとった調査と、読売の調査では、各新聞のスタンスが調査結果に影響を与えていることも多いので注意します。

もう一つは、対面での調査です。これは時事通信社が行っています。電話で数字だけを押して答えるような調査の場合、なかには「遊び半分」や「未成年」の回答も含まれる恐れがあります。その点、直接会って聞き取る調査は、より正確に相手の真意をくみ上げることにつながります。内閣支持率など、時事通信によるものがＲＤＤ調査より低い数字になります。各大手新聞も自分の調査したデータに時事通信のデータを加味して記事をつくることが多いようです。

さらに私が着目しているのは、共同通信社によるデータです。全国紙の場合は自社一社だけで調査するのですが、共同通信の調査は、契約している各地のローカル紙による調査の集計をしているのです。北海道新聞、河北新報、首都圏なら東京新聞や神奈川新聞など各都県の地元紙、長野の信濃毎日新聞、九州の西日本新聞……と、共同通信と契約している全国のローカル紙がそれぞれの地元を調査しています。各地方紙は、自分の地元にだけは大手新聞社が到底及ばないくらいの情熱と労力を割くのです。これは非常に信憑性が高い。

さらに、知られていないのが警察の持っているデータです。選挙区全域を一〇〜五〇ほどのマスでわけ、そのマス一つひとつを誰がどの程度優勢なのかを塗り潰していくのです。各県警の捜査幹部によって情報収集の度合いに相違があり、当たり外れもありますが、対面調査でしらみ潰しにしていくので、信頼できる数値が得られます。

私は、大手新聞の調査、時事通信、共同通信などのデータを大きな貼り紙にうつして見比べるようにしました。各新聞の調査にはそれぞれ特徴があるので、一覧にして見比べることで有権者動向の真実が見えてくるのです。

またデータの解釈にも注意が必要とされています。一般的に、高額所得者は選挙に行かず、公明党や共産党の支持者は、調査やアンケートで自分の支持政党を言わないことが多いとされています。ですので、新聞で支持政党の割合が出た場合、自民党は割り引いて、公明党、共産党に関しては割り増しで考えなくてはなりません。民主党はプラスマイナスゼロと考えていいでしょう。投票日直前に報道される新聞の選挙戦終盤情勢は、有権者の判断にもっとも大きな影響を与えます。

たとえば「自民党圧勝」との大きな見出しが出たとします。すると、多くの自民党支持者が投票所に足を運ばなくなり、また対立陣営の支持者が危機感を募らせる。さらに無党派層が「バランス感覚」を働かせ、他党に投票するようになります。著しい「選挙妨害」だと思うのですが、報道がなされる以上、それを前提に行動しなければなりません。

私はしませんでしたが「自陣営候補が優勢」の記事が出るという情報を入手したときに、こんな対策を講じる人がいました。

陣営の幹部会を招集して「明日私たちの候補が『圧勝』という記事が出るようですが、それは○○新聞の陰謀。左翼陣営による褒め殺しです。いま（相手のいない電口に向かって）厳重に抗議したところです。私が把握している実際のデータでは、トップどころかギリギリ……」と、陣営にショックを与え、引き締めを図るのです。

翌朝、実際に「トップ」という記事が出れば、「やはりあいつの言ったとおりだ」となり、「憎き○○新聞め」と執念を燃やしてくれたらありがたい。

事前に記者が各選挙事務所で情勢を探りにきますが、「余裕です」などと答えてはいけません。勝てそうなら「横一線でギリギリ負けている」、厳しいなら「横一線でちょっと優勢」だと伝えることです。実際のデータと折衷して記事にさせることで、自陣営への引き締め、盛り上げへと利用します。

週刊誌「当落予想」は論じるに値しない

週刊誌の「当落予想」記事を見ると、候補者の名前の上に、まるで競馬新聞みたいに◎印や×印がついていますが、それらはどう解釈すべきか。

記事では、小選挙区に立候補しているのが四人だろうが五人だろうが、誰もが当選を前提に扱われています。どんなに当選はありえないとわかっていても、法令的な責任回避のため、「落選」とは書きません。その点でも競馬の予想に近いものがあります。

週刊誌の予算規模から考えて、独自に収集したデータを持っていることはありえません。前述した新聞各紙のデータをもとに、編集部や執筆者の主観を交えて記事にしているのです。

選挙のプロであれば、週刊誌の「当落記事」に一喜一憂しません。むしろ、国民が期待する当落が書いてある、と考えたほうがいいでしょう。

週刊誌自身、自分たちでもいい加減な記事をつくっていることはわかっているはず。これはもう、週刊誌を買うなり、「競馬の予想」ごときを信じるほうに責任があるのです。

新聞報道「選挙情勢」の本当の意味

A氏とB氏が横一線で並んでいる	A氏のほうが誤差の範囲内で優位
C氏が猛追している	C氏の当選はかなり厳しい
D氏は…（中略）…躍起になる、とどまっている、図っている	D氏は選挙戦の体をなしていない。当選圏外

週刊誌「当落予想」の本当の意味

◎	間違いなく当選
○	よほどのことがない限り、当選
△	もう少し頑張れば、当選
▲	今のままでは厳しいが、輪をかけて頑張れば、当選
×	何をすればいいかわからないが、とてつもないことが起これば、当選
無印	奇跡が起きるなど、常人の考える以上のことが起きれば、当選

column
なぜ社長がお茶くみをすると選挙に勝てるか

理想の組織は「動」と「静」が基本

いかに強い組織をつくるか。指導者、経営者が常に頭を悩ます永遠の課題です。私は「陰と陽」「静と動」の組み合わせをいつも心に留めています。たとえば「人事の佐藤」と言われた佐藤栄作元首相は、「陰・静」の福田赳夫と、「陽・動」の田中角栄を政権の両輪としてうまく操り、長期政権を実現しました。派手な言動で周囲を騒がす田中角栄に対し、どちらかといえば寡黙なタイプであった福田赳夫が競うことで、自民党にとって理想的な組織が生まれたのです。

その田中角栄も、自分が「動」タイプなので腹心として西村英一という「静」の長老を据え、同派は周知のごとく長く権力の中枢を占め続けました。小泉内閣の郵政選挙のときも、「動」の武部勤幹事長と「静」の二階俊博総務局長というコンビが、組織を円滑に機能させせました。

ここで私が言いたいのは、自分自身のタイプを強く自覚せよということです。次に、友人、仕事の上司、部下、取引先の担当者……それらについて思い起こしてみてください。長くいい関係が続いたり、いい仕事に結びついているのは、たいてい「陰と陽」「静と動」というコンビのはずです。自分とその周囲が「静」ばっかりでは、お通夜みたいでうまくいきません。家庭だって「動」の女房に「動」の夫では、喧嘩ばかりで大変です。私の唱える「陰陽・静動」を利用するなら次のようになります。職場で人の上に立つ地位にいる人なら、自分のタイプとは異なる人間を補佐役に置いてみる。二人の副官を配置して組織をつくる場合、両方のタイプを組み合わせる。

一方、上司に仕えたり、取引先との交渉に苦労している多くのサラリーマンたちは、どうすべきか。まず、上司や取引先の担当者が、陰なのか陽なのか、静なのか動なのか、見極めることです。そして、もし自分自身が「静」だと認識していて、相手も「静」だと判断したら、その人との関係においては自分がなるべく「動」の要素を取り入れるよう努力してみること。相手が緻密すぎる人間だと思ったら、いい意味で少し大雑把さを自分が持ち込んで、補完関係をつくり上げること。それがきっといい展開を生むはずです。

人ががむしゃらに働く組み合わせ

次に、より実践的な人の使い方について述べます。部下や契約社員などを、どうやってまじめに働かせるか。経営や組織全体について自分の役割を特に感じず、いい加減な気持ちで働く社員たちをいかに戦力とするか。選挙のプロとしての見立てを記します。経営や組織運営の一助となることを期待します。

総選挙の前に、どの立候補予定者も選挙区内を走り回る宣伝カーを何台も用意するのはご存じのとおりです。立候補予定者本人が搭乗しているのは一台だけ。あとは、ウグイス嬢が運転手と二人だけで各所を回っているのはどの候補も同じです。この運転手とウグイス嬢は、選挙期間中だけのアルバイト。私なら、まず彼らから事前にアンケートを取ります。運転手、ウグイス嬢のなかで、誰と組みたいか、誰と組みたくないかを細かく記入してもらうのです。

そして、いざ運動開始。組みたい者同士をコンビにすればやる気も自然とわいて……などという簡単な話では人は動きません。「組みたくない」と答えた者同士をコンビにするのです。これは「放し飼い」の鉄則です。

口も利きたくない者同士ですから、運転手はひたすら指定されたルートを黙々と運転し続けます。ウグイス嬢も、運転手と私語を交わすこともなく、絶え間なく、街の人々に向かって笑顔と美声をふりまいてくれます。お互いが大嫌いなのですから、ひたすら仕事に精を出すわけです。

これがもし「一番、組みたい人」だったら、どうでしょうか。たとえば一級河川の土手あたりで車を停めて、一休み。車内でも私語が多くなるに違いありません。仕事など上の空。何十台もある選挙宣伝カーの一台一台を全部、ちゃんと仕事しているかどうか自分の目で管理することは事実上不可能です。ところが、こういう組み合わせにしておけば、戦力として計算できるのです。

もちろん、毎日が嫌いな人とのコンビとなれば、明日の仕事への意欲が薄れるのが人間の性。そこで選挙期間の途中で、何度か組み合わせを変えます。「今度は、あの人と組めるかもしれない」という希望を各人に持ってもらう。しかし実際には、たまたまこうなったということにして、「嫌い」なほうから順に組み合わせていくのです……。

限度を超えた怒りを見せよ

選挙事務所でいろいろお手伝いしていただくのは、候補者や選挙を取り仕切っている責任者にとっては、とてもありがたいことです。

　ある業界や会社、組織、経営者がA候補のために選挙で頑張ろうという場合、九割九分は、トップが「うちは応援を三人出します」などと言ってきます。しかし、私はそのありがたい申し出を断っていました。

「応援の社員は一人もいりません。ただし社長さん、あなた一人でいいので事務所でお茶くみをお願いします」と。

　社長が動くのを見れば、社員も何もしないではいられません。社長に取り入ろうとする社員たちはこぞって、A候補に好意的になるでしょう。

なにより「あの社長がお茶くみをしている」という話は、電光石火のごとく選挙区を駆けめぐる。同業他社の社長も「うちだけ出遅れてはマズイ」と、みずから駆けつけてくれます。

　社長が「応援を三人出します」という通常のケースでは、駆り出される社員たちは居酒屋あたりで「来週から会社の命令で選挙応援でさ。下手して選挙違反で捕まればクビだろうな」などと愚痴っているのではないでしょうか。しかも候補者が当選すれば、社長ばかりが自分の手柄のように感謝される。よほどの使命感を持っていないと、こういう形で人は動きません。

　さらに人を動かすためには、ビシッと叱る必要があります。私ならこの嫌われ役を買って出ます。

選挙事務所で有権者にお願いの電話をかけるスタッフの場合、私は叱っても大丈夫な人間を一人見つけて、最初にガツンとやります。「おまえ、なんちゅうノンビリした顔で電話してるんだ、この馬鹿タレが。もっと必死にしてみろ」と怒鳴りながら、机をバーンと叩く。スタッフは一様に緊張します。本気で電話をかけはじめる。有権者への訴え方も真剣になるのです。

実はこれ、間接話法なのです。本当は一番ダラダラしていて、一番叱りたい人間はほかにいる。だが、それは叱られ弱いタイプ。その人間に聞かせるため、あるいは、周囲のみんなに聞かせるための「ガツン」なのです。周囲が「あの人、かわいそう」と内心で同情すれば、自然にチームワークも生まれます。

完全な信頼関係もあり、気心が知れた人間がメガネをかけているなら、次のようにしてみてもいい。

その人のメガネのレンズのフレームと耳にかけるフレームの継ぎ目の部分を、手で思いっきり横から払うのです。多少の練習が必要ですが、うまくできれば、きれいに相手のメガネが飛ぶはず。メガネは傷むかもしれませんが、相手は全く痛くない。

パーンとイヤな音がして、事務所の真ん中にメガネが転がる。その場に居合わせた人は全員凍りつくでしょう。そこで、この仕事がいかに大切なものかを優しく諭すのです。

特別対談
飯島 勲 vs 花田紀凱編集長
「新聞が真実を書かない理由」

花田紀凱（はなだ・かずよし）
月刊誌「ＨＡＮＡＤＡ」編集長
一九四二年、東京都生まれ。六六年に文藝春秋入社。八八年「週刊文春」編集長に就任し、実売五一万部を七六万六〇〇〇部まで伸ばす。「マルコポーロ」（文藝春秋）、「ｕｎｏ！」（朝日新聞社）、「メンズ・ウォーカー」（角川書店）編集長などを経て、二〇〇四年、「ＷｉＬＬ」編集長。一六年より「ＨＡＮＡＤＡ」を創刊し編集長。著書に『編集者！』など。

花田編集長と六〇分

花田紀凱「HANADA」編集長との対談である。

花田さんには、産経新聞の連載「花田紀凱の週刊誌ウォッチング」に、私のコラムについて「飯島情報恐るべし」などと、よく取り上げてもらっている。

一度お礼を言わないといけないと思っていたところに対談のお話をいただいた。あの連載で何回私がとりあげられているかをプレジデント編集部に数えてもらったら、なんと一二回も登場しているという。

「言いたいことを、声を大にしてちゃんと言えるような時代ではなくなった」とよく人から聞いたことがある。そんな時代にあって、メディアがなぜか取り上げないような事実を国民に知らしめていく責任が私にはあるように思っている。

何しろタバコを吸っているだけで批判を受ける時代だ。私がタバコを吸っている人に「偏見に負けず頑張ろう！」と呼びかけるだけで、なぜかタバコを吸わない人がワーワーと難癖をつけてくる。

日頃お世話になっている花田さんとは、対談という形でしっかり話したことはなかったが、新聞の言論が柔軟性を失い、画一的な方向に向かっているという危機感がヒシヒシと伝わってきた。読者のみなさんは、どう思われることだろう。

なぜ、新聞は政治家をほめないか

飯島　私は、政治家ではなく、マスコミ出身でもなく、ましてや官僚出身でもない人間です。小泉純一郎氏の秘書、総理大臣首席秘書官として、今は安倍晋三総理大臣の内閣参与（特命担当）として、四五年間、永田町にいただけの人間ではありますが、そんな私の見立てを話したいと思います。マスコミの一番の怖さは、三回同じような内容が報道されると、たとえ内容が事実とまったく違っていても、本当のこととして国民の目にうつってしまう点です。

花田　メディアには大きく分けて二つの役目があります。一つは情報の発信、もう一つは情報の分析・批評です。

一九八八年に「週刊文春」の編集長になりました。以来、僕はいろいろな雑誌をつくってきましたが、日本の新聞の情報は非常に偏っているとずっと思っています。だから、新聞やテレビが報じない情報、分析・批評を、雑誌を通して読者に届けたい、いつもそう思って雑誌を編集してきました。

テレビは感性のメディア。情報発信のスピードは速いけれど、情報の分析・批評にはなじまない。分析・批評して考えるヒントを与えられるのは、やはり文字のメディアだと思います。

しかし、新聞が頼りない。例えば、新聞は政治家を絶対にほめません。人間は誰でもほめなきゃ成長しないものです。批判をするのもいいですが、いいことをしたらほめるべき。新聞が時の総理をほめたことは皆無だと思います。日本の新聞は「ほめない、反省しない、謝らない」。

政治部以外にオフレコが通用しない

飯島　政治の世界では「政治部の記者は信用できるが、社会部や週刊誌には気を付けろ」と言われています。政治部にはオフレコが通用するが、ほかではできないということなのですが、これは変な話です。

花田　週刊誌がよくやる「オフレコを全部ばらす」という記事は、新聞記者からの情報で成り立っています。新聞記者は自分の新聞にはオフレコだから書けないけど、知り合いの週刊誌の記者とかに流して書かせる。

本来はオフレコなしであるべきですね。やむをえない場合もあるとは思いますが、基本的にオフレコはないほうがいい。

飯島　オフレコは報じないという約束があったとしても、オフレコ部分にも政治家は責任を持つべきだと思うし、そもそも政治家や記者には発言が「オフレコメモ」として出回ってしまう。国民にだけそれが隠されるというのは理解できない。だから、私は「小泉純一郎にオフレコなし」というスタンスを当選一回のときから貫いた。話したことは何でも書いていい、書かれたくないことは言わないと決めてやってきた。総理大臣になっても変えませんでしたね。花田さんはどんな視点で政治記事をつくってこられたのですか？

花田　読者が判断する材料として、クレディビリティー（信頼性）は新聞にあると言われますが、本当でしょうか。先ほども言いましたが、日本の新聞のスタンスは「ほめない、反省しない、謝らない」で一貫しています。だから別のこんな見方もあるのではないかと提示するのが私たち雑誌の役目だと思っています。朝日新聞が憎くて朝日たたきをやっているわけではなくて、日本の新聞の代表として、朝日のこういう点が疑問だということを書いて、読者のヒントにしてもらう。

朝日新聞にあなたの「声」を載せる法

飯島　マスコミが自民党や安倍内閣がひどいと言うなら、民主党（現・民進党）政権との比較で論ずる責務があるはず。

花田　当然です。

飯島　ですよね。マスコミは本当に情けないと思う。

花田　全然ダメですね。

飯島　もう一つ、マスコミが残念だったのは、安全保障関連法案反対のデモの参加者は主催者発表が一二万人で警視庁の発表の三万人とずいぶん違ったこと。なぜ、マスコミは主催者発表を垂れ流すのでしょうか。

花田　おかしな話ですね。例えば二〇〇七年に沖縄で教科書検定反対で一一万人集会と沖縄タイムスや琉球新報が見開きの大きな見出しで報じたことがありました。警備会社のテイケイの高花豊会長が、航空写真に升目を書いて人数を数えさせたら二万人以下だったのです。

主催者発表がオーバーな数字だというのは報道する側は知っているのに、新聞社はなぜ主催者発表を鵜呑みにするのか。ヘリもあるし、組織も大きいし、アルバイトでも雇って、計算させればすぐわかるはず。それでも正確な数を出そうとしないのは、なるべく多いほうがいいからではないかと勘ぐりたくなります。

飯島　人数もそうですが、実際にデモを見た人に聞くと八割以上が高齢者だったようですが、テレビも新聞の写真も若い人しか映さないし、インタビューをしない。

花田　年配の方はおそらく組合員や、党員の方々でしょう。テレビが映像を切り取るのは仕方がない面もありますが、本当に作為的だと思う。新聞は、毎日毎日「戦争法案だ」と書いてね。それを読まされている朝日の読者は「これは戦争法案なのだ」と信じてしまいます。

飯島　活字による洗脳に近い。

花田　平和安全法制の国会論議が始まってから朝日新聞には反対の社説が三七回掲載されました。天声人語では二五回。一般の人は我々のように何紙も併読しないから、朝日新聞とか東京新聞とかだけ読んでいると、その内容を信じてしまいます。法案成立の日の朝日新聞には、ゼネラルエディターの長典俊さんという方が「一体、自分たちはどこに連れていかれるのか、というどうしようもない不安」と書いていた。多くの国民が疑問や怒り、不安を感じているだろうというのはよくある新聞の書き方なのですが、安保法制が成立したからって、日本人の多くが、ほんとに不安に感じているのか（笑）。

飯島　徴兵制になるというのはナンセンス。不安なんて感じないですよ。

花田　朝日新聞の話を続けると、昨年の慰安婦誤報問題への訂正と謝罪を受けて、朝日新聞の読者投稿欄「声」は、これまで朝日新聞と同じような意見しか載せていなかったのですが、最近は五本に一本ぐらいは朝日の主張と対立する意見を載せるようになったのです。

飯島　いかにも朝日新聞、というような対処ですね。「声」欄の両論併記が誤報問題を防ぐ手段になるとは思えません。

花田　そうなのです。朝日新聞の読者の多くは、朝日新聞のスタンスに賛同する人が多いでしょうから、もし、誰かが朝日新聞に批判的な投稿をすると、「声」欄に掲載される可能性が非常に高い（笑）。

飯島　なるほど。誰かが挑戦してみたら面白いかもしれませんね（笑）。

なぜ、政治がつまらないか

飯島　産経新聞の連載「花田紀凱の週刊誌ウォッチング」に、私のコラムについて「飯島情報恐るべし」などと、よく取り上げてもらえます。一度お礼を言わないといけないと思っていたところでした（笑）。なんと一二回も取り上げてくださったそうで、ありがとうございます。

花田　いえいえ、まったくヨイショするつもりはなく、面白いと思ったものを面白いと言ったまでです。批判なんて気にせずに本音をズバッと言ってしまうような政治家が少なくなったし、新聞やテレビが言わないことを記事にしようとする週刊誌が、最近、減ってしまいました。だから、迫力のある飯島さんの記事を紹介する割合が増えてしまう（笑）。

飯島　政治家は自分のポスト欲しさに本当に思っていることは言わない。メディアも本音を隠しているようにみえます。自分を守ろうとするあまり政治もメディアもつまらなくなっている。この前、春画騒動で、「休養」になったばかりの「週刊文春」の新谷学編集長とお会いして激励したんです。

花田　新谷くんは、近年にはない存在感のある編集長です。モットーは「親しき仲にもスキャンダル」。何か問題があれば日頃付き合いがあっても遠慮なく報じますよという覚悟で、スクープを連発しています。

飯島　私が小泉純一郎総理の首席秘書官だった当時、新谷さんはまだ編集長ではなかったのですが、めちゃくちゃに書かれたことがありました。事実と違うことを書かれて、私も頭にきたので名誉毀損で訴えたのです。裁判に毎回来て必死でメモをとる姿が目に焼きついています。新谷さんのすごいところは、この裁判で負けて相当腹が立っているのかと思ったら、編集長に就任して、私に文春での連載を頼みに来たことです。

花田　それでこそ本物の編集者です。

飯島　新谷さんに「プレジデント」の連載は、政治から文化まで多岐にわたっている。

そのうちの一つでいいから、文春でお願いできないか」と言われて、最初はお断りしようと考えていたのですが、引き受けた。ああいう人が暴れまわっていると、これからの出版界も元気になるかもしれない。とはいえ、連載を引き受けたおかげで、ネタ不足で地獄の苦しみを、今、味わっている……。

花田　政治家もずいぶん小粒になりましたよね。五五年体制と呼ばれていた自民党と社会党の時代には、存在感のある派閥の領袖が命懸けの権力闘争を繰り広げていた。あの頃の選挙の立会演説会は面白かった。

飯島　選挙制度も小選挙区ではなく、中選挙区でした。候補者が下駄をはいてきて、別の候補者が話しているときにガタガタ鳴らして聞こえないように妨害することもあったり（笑）。そんな中で、みんな堂々と自分の選挙公約を披瀝していた。

花田　かつて派閥はすごく批判されていましたが、小選挙区制になって派閥の効用が見直されている。派閥にいてこそできる政治家としての勉強ができなくなった。ただの緩やかなグループになってしまって、お金や選挙の面倒を見るわけでもないし、それこそお友達みたいな感じで集まっているだけ。だから今の野党のように離合集散が激しくなる。

飯島　人材育成としての派閥制度は、完全になくなりましたね。

花田　草履取りから始まってだんだん勉強して上がっていくというあのシステムは非

常に手堅いものでした。今ではまともな政策論議も聞こえてきません。

スキャンダル報道、私はこう考える

飯島　自由民主党の長期政権の原動力は、派閥がそれぞれ小政党のような集まりで、切磋琢磨した議論の中で、その時代にあった派閥が浮上し、その中から総理総裁が現れるというシステムでした。

花田　それで決まれば、別の派閥からも登用するし、彼らも従うという空気がありましたね。派閥の領袖になるぐらいの政治家は人間としてもそれなりの人物だった。昔は、記者も一人の政治家の横にずっとついて情報をとるような取材態勢でしたから、情報のやり取りだけでなく、人間付き合いを通して、記者も人格が磨かれていった。中には、大野伴睦《ばんぼく》（初代自民党副総裁などを歴任）の記者会見で、ああしろ、こう言えと振り付けまでしたなんて大物記者も現れた。

飯島　当時記者だった読売新聞の渡邉恒雄氏ですね。

花田　小選挙区制の導入は小沢一郎氏が一生懸命やっていた。私は当時「週刊文春」の編集長でしたが、小選挙区制には大反対したんですよ。幹事長にカネと人事の権限が集中するのはまずいと批判したのですが、実際危惧した通りになりました。立花隆さんが「食堂に行ったらA定食とB定食しかない。アラカルトでもっと他のものが食べたいと思っても、A定B定だけだから困る」とうまく例えていましたが、冷静に考えれば小選挙区の問題点はわかるのにきちんと批判している新聞はありませんでしたね。たしかに派閥の弊害もありますが、新聞は小選挙区制が理想的な選挙制度だという画一的な論調でした。

飯島　小選挙区制の欠点はだんだん明らかになってきたので、いずれ改善の方向に進むと思います。あの時代が良かったのは、たとえば田中角栄の列島改造論にしても、池田勇人の所得倍増計画とか、自分が総理総裁になったら日本のかじ取りはこうするんだ、というのを明確にして総理大臣になっている。当時の自民党の派閥も、そういう領袖たちの意見に感銘を受けて、それを実現させようと集まった本当の政策集団でした。だから、「三角大福中」と呼ばれた当時の派閥の領袖たちは全員が総理大臣になって、後世に残る大きな実績を残しました。マスコミ報道も政策重視で「愛人が五人いる」と言っても笑い話で終わるような、いい時代でした。

花田　三木武吉《ぶきち》ですね。私が「週刊文春」の編集長時代にも、政治家の女性スキャンダルは報じました。しかし、マスコミこそ、女性関係がめちゃくちゃな人ばかり（笑）。顧みて他を言えと言われると返す言葉もありませんね。イヤ、ぼく自身のことじゃないですよ（笑）。

飯島　ハハハ（笑）。私は、文春に「飯島秘書官、妙齢の美女と深夜ドライブ」とやられたことがありました。

花田　それは問題です（笑）。

飯島　でもその「妙齢の美女」というのは、当時六五歳のうちの妻のことなんですよ。実は、「妙齢」「美女」ってどんな女性にも使える便利な言葉です。週刊誌もうまい見出しを考えたものです。訴えようかと思ったのですが、妻が自分のことを「妙齢の美女」と呼ばれてあまりに喜んでいたので、やめました。名誉毀損で文春を訴えたら、妻に私が名誉毀損で訴えられるところでした（笑）。

花田　危なかった（笑）。

この対談はプレジデント二〇一五年一二月一四日号、二〇一六年一月四日号に掲載されたものを再構成したものです。

本書のプロフィール

本書は『小泉元総理秘書官が明かす　人生「裏ワザ」手帖』（二〇一〇年・プレジデント社）を改題、加筆・修正し文庫化したものです。図版はすべて著者の話をもとにプレジデント編集部が作成、本文中の所属・肩書、および事実関係等は当時のものです。

小学館文庫プレジデントセレクト

権力《けんりょく》の秘密《ひみつ》

著者　飯島《いいじま》 勲《いさお》

二〇一六年五月十二日　初版第一刷発行

発行人　菅原朝也
発行所　株式会社　小学館
〒一〇一-八〇〇一
東京都千代田区一ツ橋二-三-一
電話　販売〇三-五二八一-三五五五
編集（プレジデント社）
〇三-三二三七-三七三二

印刷所――大日本印刷株式会社

ISBN978-4-09-470002-2